Jutta Lammèr

Das neue Ravensburger Handarbeitsbuch für Kinder

Jutta Lammèr

Das neue Ravensburger

Handarbeitsbuch für Kinder

Nähen, Sticken,
Applizieren, Weben,
Häkeln, Knüpfen,
Stricken

mit Zeichnungen von
Katja Mackens-Hassler

Otto Maier Verlag Ravensburg

CIP-Kurztitelaufnahme der Deutschen Bibliothek

Lammèr, Jutta:
Das neue Ravensburger Handarbeitsbuch für Kinder:
Nähen, Sticken, Applizieren, Weben, Häkeln, Knüpfen, Stricken /
Jutta Lammèr. Mit Zeichn. von Katja Mackens-Hassler. –
Ravensburg : Maier, 1985.
Frühere Ausg. u.d.T.: Lammèr, Jutta:
Ravensburger Kinder-Handarbeitsbuch
ISBN 3-473-37400-8

Wir danken folgenden Kindern
für ihre Mitarbeit an diesem Buch:
Andreas, Claudia, Agosz,
Annalena, Nadine, Philip.

89 88 87 86 85 5 4 3 2 1

Layout: Katja Mackens-Hassler, Hamburg
Fotos: Lammèr Produktion Hamburg
Umschlagfoto: Sabine Lohf
Umschlaggestaltung: Ekkehard Drechsel
Redaktion: Gisela Walter
Printed in Germany
ISBN 3-473-37400-8

In diesem Buch findest du…

Material woher?

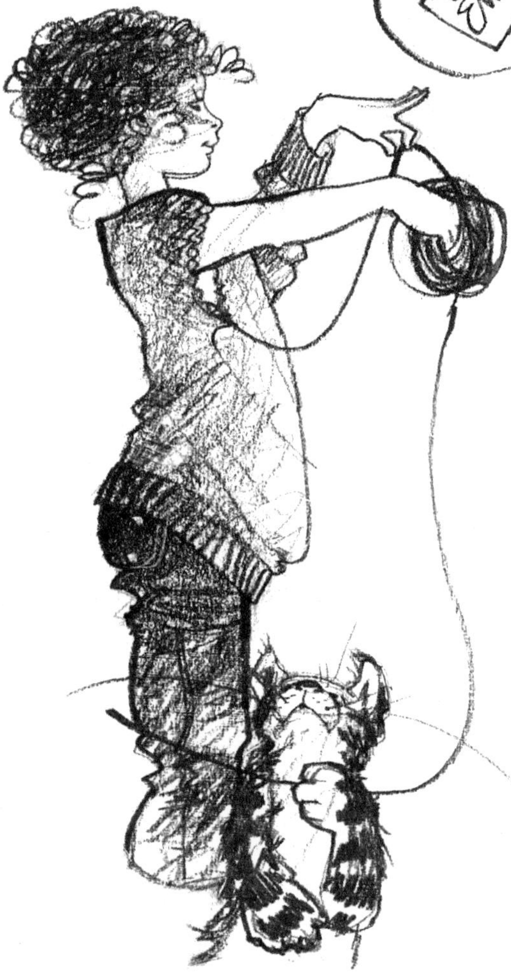

In diesem Buch findest du die wichtigsten Handarbeitstechniken leicht erlernen. Du findest auch viele Modelle zum Nacharbeiten. Dazu brauchst du natürlich Material: Stoff zum Nähen, Garn zum Weben, Häkeln, Knüpfen oder Stricken. Aber dazu brauchst du nicht unbedingt dein Taschengeld ausgeben. Die Kinder, die an diesem Buch mitgearbeitet haben, besorgten sich das Material umsonst.
Frage bei Änderungsschneidereien oder kleinen Modeläden nach Stoffresten. Du wirst dich wundern, was da zusammenkommt. Kleinere Stoffstücke könntest du auch in einem Geschäft erbitten, das Gardinenstoffe verkauft. Frage nach alten Stoff-Musterbüchern. Die werden dort nämlich nicht mehr gebraucht, wenn neue Muster auf den Markt kommen. Frage auch Leute, von denen du weißt, daß sie nähen. Außerdem kannst du aussortierte Kleidungsstücke oder Bettwäsche aus eurem Haushalt verwenden. Garnmaterial zu bekommen, ist noch leichter. Jeder, der strickt oder häkelt, hat Reste übrig. Frage bei deinen Verwandten, Bekannten und Freunden nach. Du könntest auch einen alten handgestrickten Pulli aufribbeln. Dazu mußt du zuerst die Seiten- und Schulternähte auftrennen und den Anfangsfaden suchen. Lasse dir dabei helfen.

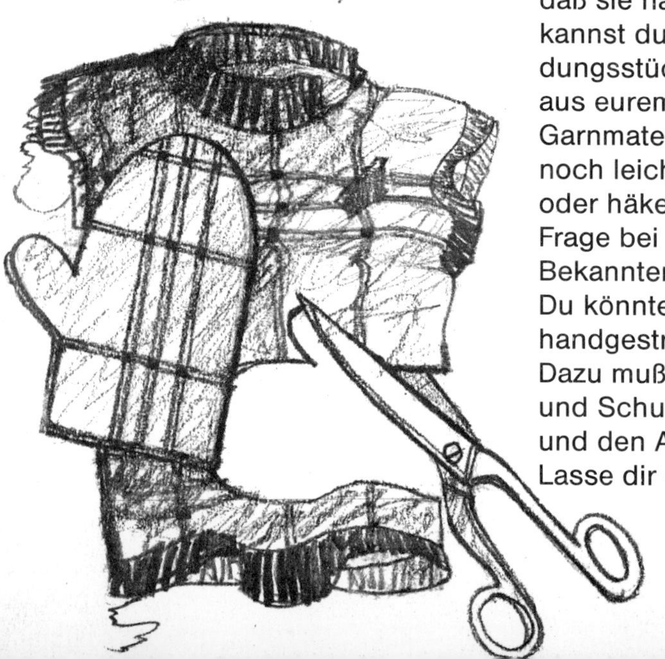

Schließlich kannst du dir, wenn du ganz bestimmte Vorstellungen hast, Handarbeitsgarn auch zum Geburtstag wünschen.
Übrigens: Wenn du die Kissen vom Foto rechts nacharbeiten möchtest, schlage die Seiten 16 und 17 auf.

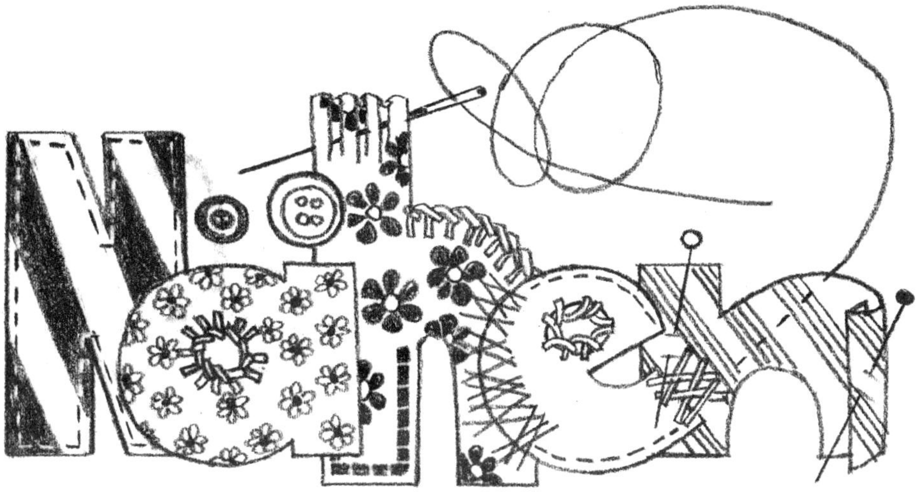

Nadel und Faden

Faden verknoten
Damit der Nähfaden Halt hat, macht man am Ende einen Knoten. Winde dazu das Ende um den Zeigefinger, drücke den Daumen dagegen und ziehe den Zeigefinger zurück. Fasse dann mit der Spitze des Mittelfingers nach und ziehe mit der anderen Hand den Faden straff.

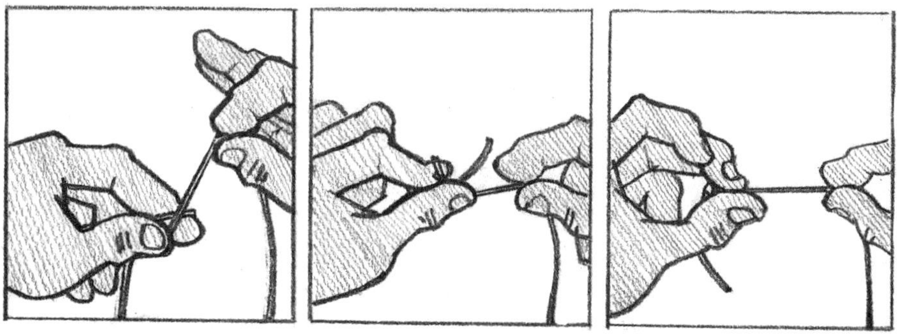

Faden einfädeln
Der Nähfaden wird durch das Öhr der Nähnadel geschoben. Dazu muß er glatt abgeschnitten sein. Will man einen rauhen Faden einfädeln, kann man das Ende zwischen einen doppelten Streifen aus dünnem Papier legen und ihn mit dem Papier durchschieben.

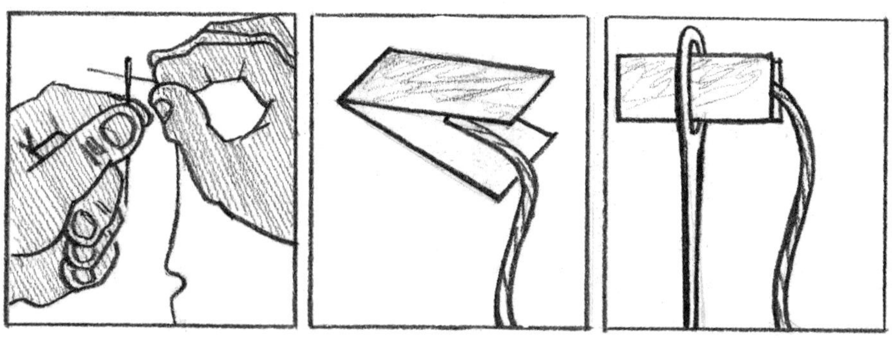

Wolle einfädeln
Der Faden wird mit dem Ende außen um das Nadelöhr gelegt, zwischen Daumen und Zeigefinger gehalten und nach oben über den Nadelkopf gehoben. Fasse die entstandene Fadenschlinge kurz mit Daumen und Zeigefinger und drücke sie durch das Nadelöhr.

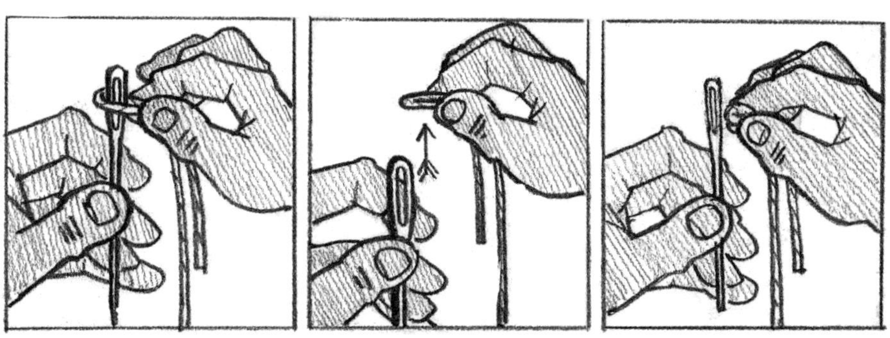

Mit dem Nadeleinfädler
Hast du Schwierigkeiten mit dem Einfädeln, kannst du einen Nadeleinfädler benutzen. Schiebe die dünne Schlinge des Einfädlers durch das Nadelöhr, fädle den Nähfaden durch die Drahtschlinge und ziehe sie durch das Nadelöhr zurück.

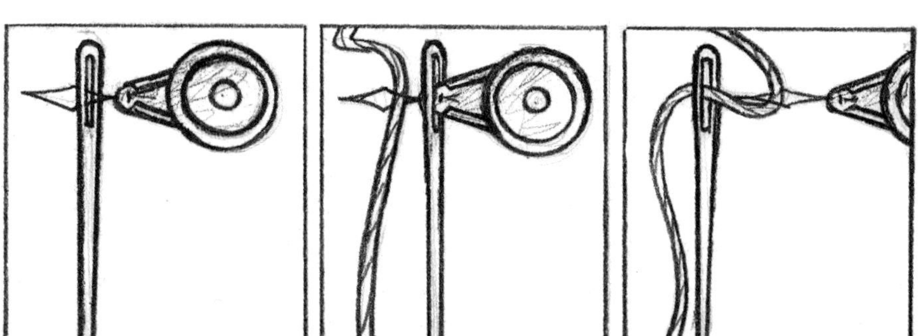

Nähte und Säume

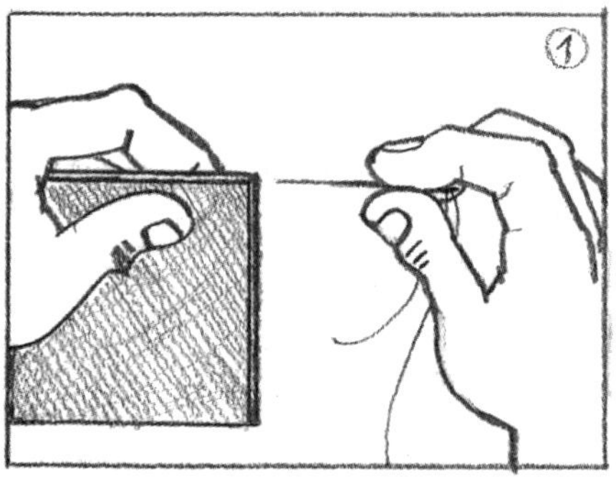

So hältst du die Nadel
Wie bei allen Handarbeiten, so ist auch beim Nähen die richtige Handhaltung wichtig. Warum? Ganz einfach: Man arbeitet bequemer, und die Hände ermüden nicht so schnell. Auf der Zeichnung 1 siehst du, wie man Stoff und Nadel anfaßt. Daumen und Zeigefinger halten die Nadel hinter dem Nadelöhr fest, der Mittelfinger stützt das Nadelöhr ab und schiebt die Nadel durch den Stoff.

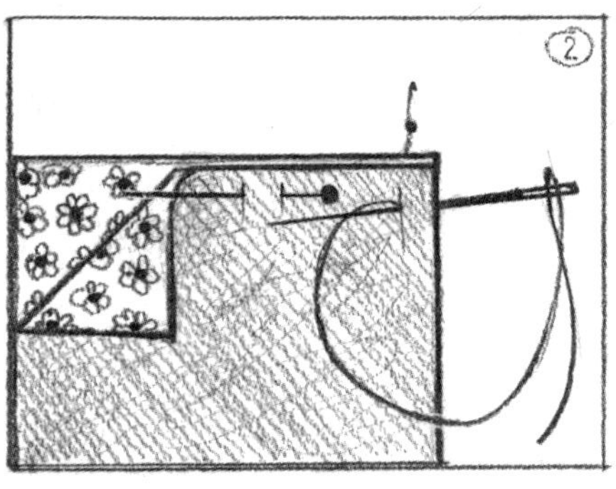

Einfacher Vorstich, doppelter Vorstich, Hinterstich
Willst du zwei Stoffstücke zusammennähen, mußt du die Außenseiten aufeinanderlegen und mit Stecknadeln zusammenstecken (siehe Zeichnung 2). Den ersten Stich machst du an der Kante von hinten nach vorn, führst den Faden um die Seitenkante herum und stichst noch einmal von hinten nach vorn. Nähe in kleinen Stichen auf und ab. Das ist der einfache Vorstich (siehe 3). Drehe die Arbeit um und nähe in den Zwischenräumen der Stiche auf und ab. Das ist der doppelte Vorstich (siehe 4). Beim Hinterstich stichst du etwas hinter dem Fadenaustritt ein und etwas davor wieder aus (siehe 5).

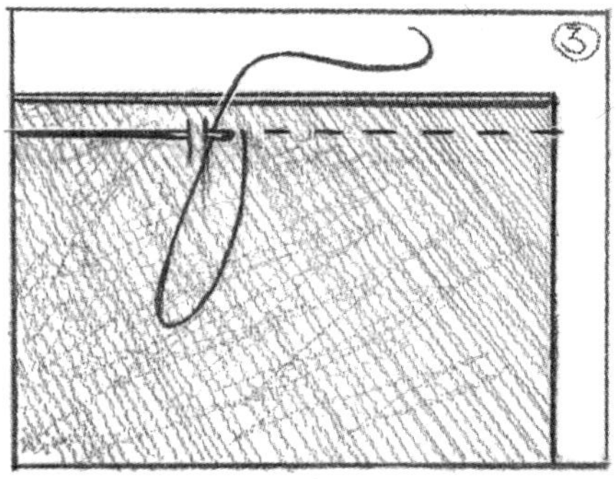

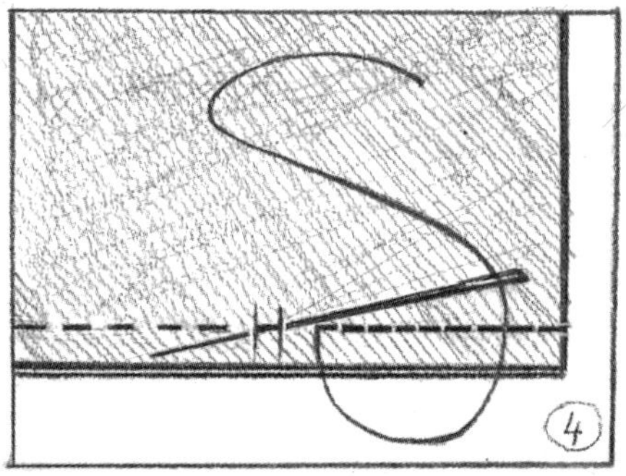

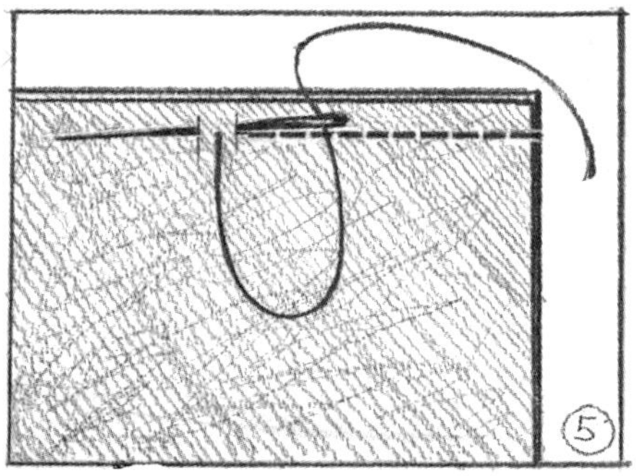

Überwendlingsstich
Rechts siehst du den überwendlichen Stich, man kann auch Überwendlingsstich sagen. Dazu legst du die Stoffteile mit den rechten Seiten nach außen aufeinander. Schlage die oberen Schnittkanten etwas nach innen um und stecke sie mit Stecknadeln zusammen (wir haben sie nicht gezeichnet, damit du den Kanteneinschlag besser siehst). Nähe von links nach rechts. Beginne an der linken Ecke und stich von hinten nach vorn durch den Stoff. Arbeite in kleinen Abständen weiter, indem du immer von hinten nach vorn stichst.

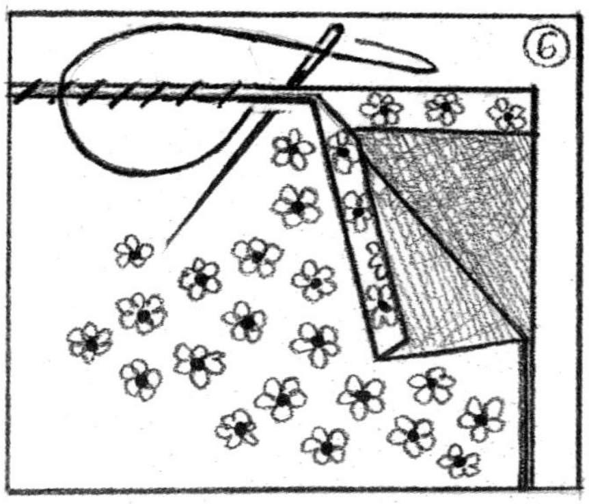

Stoff säumen
Damit bei einem einzelnen Stoffstück die Schnittkante nicht ausfranst, macht man einen Saum. Die Saumkante wird einmal ganz knapp und dann noch mal etwas breiter umgeschlagen, und zwar von außen nach innen. Die rechte Stoffseite wird also zur linken umgebogen. Zum Säumen – man kann auch umsäumen oder einsäumen sagen – wird der Stoff so gehalten, wie auf der Zeichnung 7 gezeigt. Auch Säume müssen mit Stecknadeln befestigt werden, bevor man sie näht.

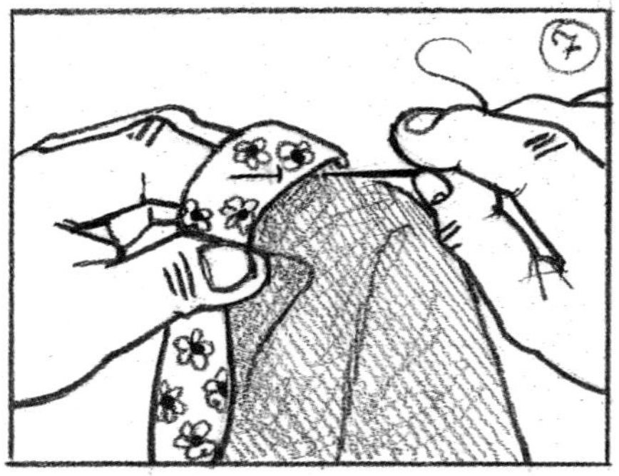

Saumstich
Es gibt verschiedene Möglichkeiten, einen Saum zu nähen. Die bekannteste Methode ist der Saumstich, wie auf der Zeichnung 8 zu sehen. Man faßt mit der Nähnadel etwas vom Stoff unterhalb der Saumkante und zugleich etwas von der Saumkante mit auf und zieht die Nadel durch. Die Nadel wird dabei etwas schräg gestochen, wie du siehst. Arbeite in kleinen Abständen und nimm nicht zuviel Stoff mit der Nadel auf.

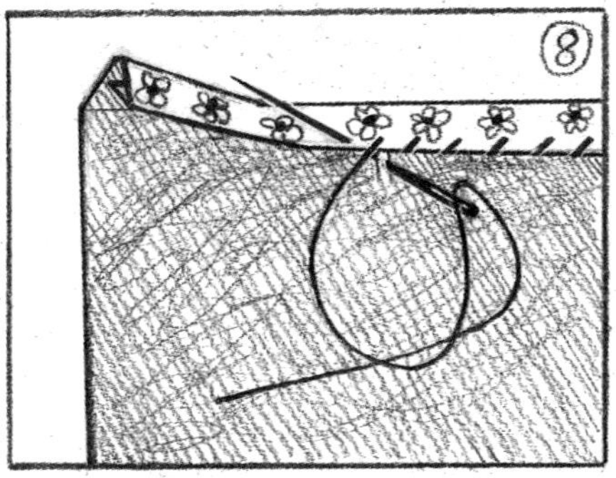

Hexenstich
Den Hexenstich, Zeichnung 9, kannst du auch bei einem Saum anwenden, der nur einmal umgeschlagen ist, weil er weit über die Einschlagkante greift. Du hältst den Stoff wie beim Saumstich, arbeitest aber in entgegengesetzter Richtung. Sieh dir die Zeichnung genau an: Du stichst waagerecht einmal von rechts nach links durch den Stoff unterhalb der Einschlagkante, dann auf die gleiche Weise schräg darüber durch den eingeschlagenen Stoff. So nähst du fortlaufend weiter. Die Saumnaht verläuft von links nach rechts.

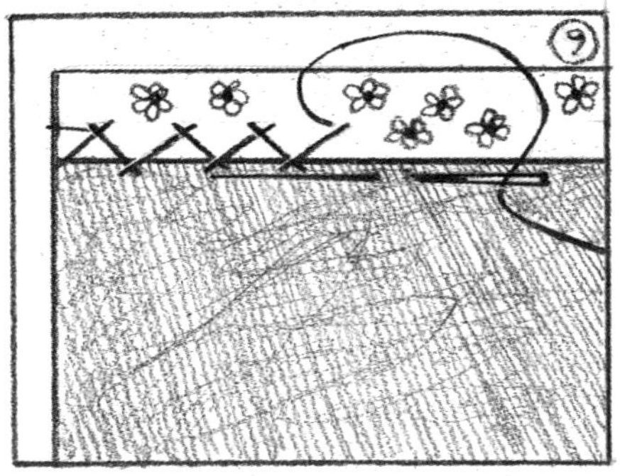

Schlingstich
Dieser Saum-Zierstich, Zeichnung 10, sieht besonders niedlich an Kanten und Halsrändern aus. Er wird an der linken Kante der Arbeit begonnen und verläuft nach rechts. Stich am Anfang von hinten nach vorn über dem Saumeinschlag durch, bilde mit dem Faden einen lockeren Bogen. Stich dann ebenfalls über dem Saumeinschlag von vorn nach hinten in Abwärtsrichtung und lege die Schlinge hinter die Nadelspitze. Ziehe den Faden an. Stich von nun an in kleinen Abständen fortlaufend von vorn nach hinten und lege den Faden als Schlinge hinter die Nadelspitze.

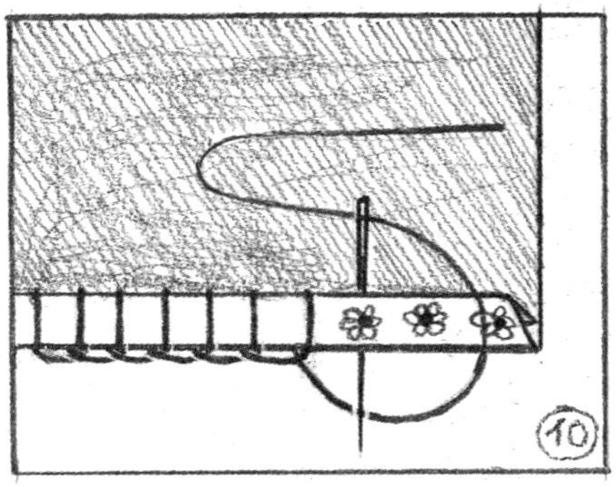

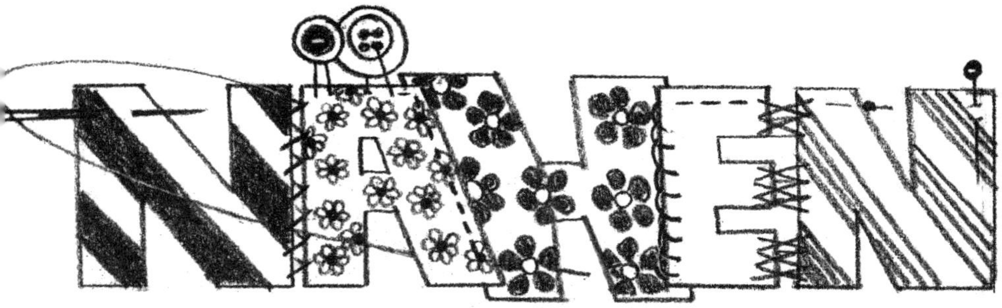

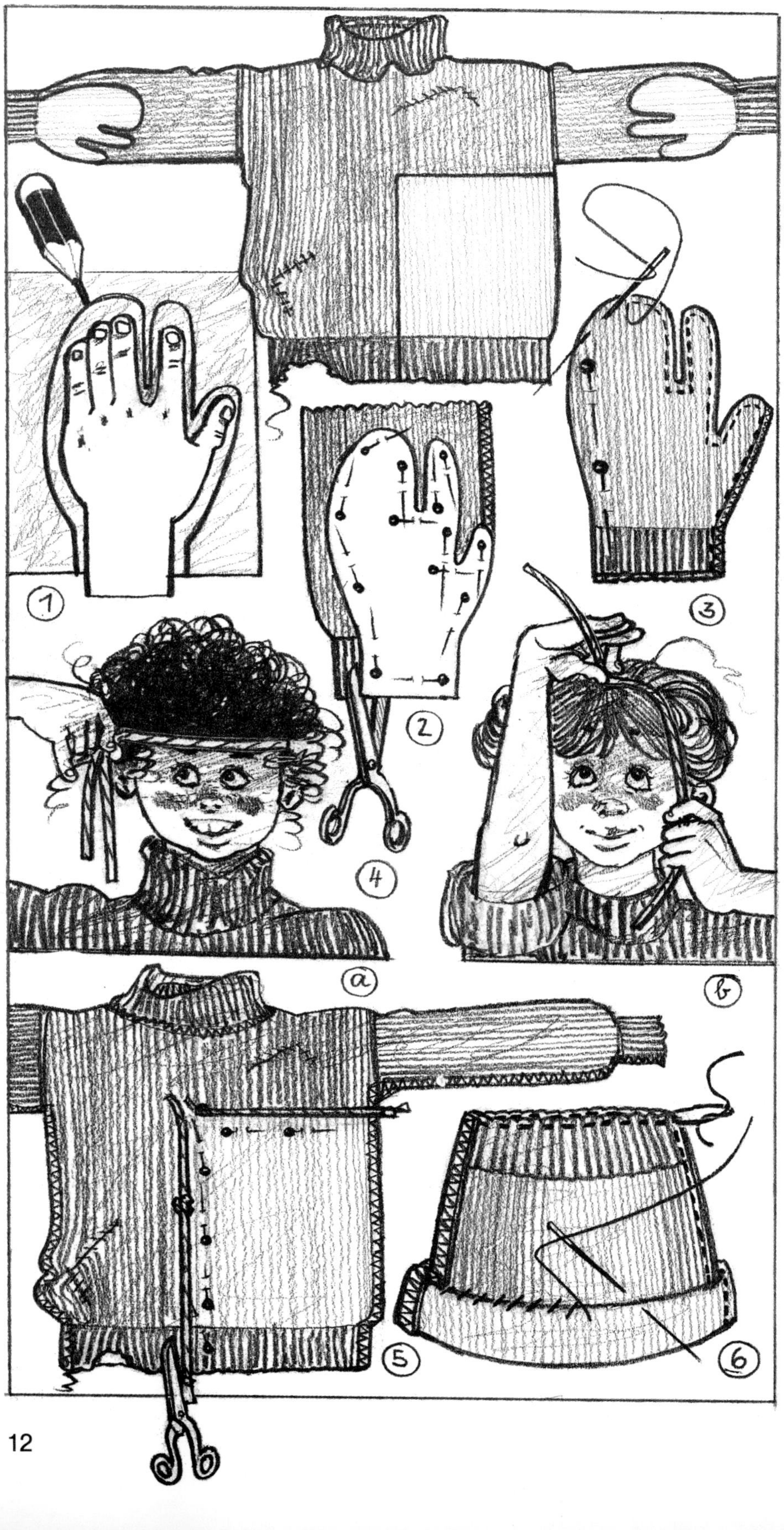

Dreifinger-handschuhe und Mütze

Dreifingerhandschuhe hast du bestimmt noch nie gesehen. Oder? Solche Dreifingerhand-schuhe und eine Mütze kannst du aus einem alten Pulli machen. Der sollte allerdings fein gestrickt sein, weil grobes Gestrick sich aufribbelt, wenn man es zerschneidet.
Auf der oberen Zeichnung siehst du, welche Teile des Pullis verwendet werden: die Unterärmel für die Handschuhe, je ein halbes Vorder- und Rückenteil für die Mütze.

Handschuhe

1. Lege deine Hand auf Papier, spreize Daumen und Zeigefinger etwas ab und zeichne die Umrisse von Daumen, Zeige-finger, den übrigen drei Fingern und dem Ansatz des Handge-lenks. Male nicht direkt um die Hand, sondern mit etwas Abstand. Schneide die Zeich-nung aus.
2. Wende den Pulli auf die unrechte Seite und lege ihn flach auf den Tisch. Stecke das Papiermuster mit Stecknadeln auf den Unterärmel und schneide das Gestrick aus.
3. Entferne das Papiermuster und stecke die Handschuhteile an den Kanten aufeinander. Nähe sie, beim Daumen begin-nend, mit Vorstichen zusammen. Drehe den Handschuh so, daß das Ende der Naht wieder rechts ist. Nähe noch einmal Vorstiche in die Lücken der Stiche, mache also den doppelten Vorstich (siehe Seite 10). Wende den fertigen Handschuh um und nähe den zweiten aus dem anderen Ärmel.

Mütze

4. Für die Mütze mußt du zuerst Maß nehmen. Miß mit einem Faden deinen Kopfumfang (siehe 4a). Markiere das Maß mit einem Knoten. Danach mißt du die Kopfhöhe vom Ohr bis zum Mittelpunkt (siehe 4b) und markierst den Faden ebenfalls.

5. Da die Mütze oben zusammengezogen und unten umgeschlagen wird, mußt du zu dem Maß deiner Kopfhöhe (4b) noch einmal die Hälfte hinzurechnen. Das Maß vom Kopfumfang dagegen mußt du halbieren, da der Strickstoff doppelt zugeschnitten wird. Lege den halbierten Faden 4a waagerecht auf den Stoff, den Faden 4b senkrecht dagegen, wie es auf der Zeichnung zu sehen ist. Markiere das Rechteck mit Stecknadeln und schneide den Strickstoff zu.

6. Nähe die senkrechte Kante, die der Kopfhöhe entspricht, mit doppelten Vorstichen (siehe Seite 10). Drehe dann die Arbeit so, daß die obere Schnittkante unten und das Rippenmuster des Pulloverbündchens oben waagerecht verläuft. Schlage den unteren Mützenrand nach außen um und nähe ihn mit Saumstichen fest (siehe Seite 11). Möchtest du den unteren Mützenrand lieber nach außen aufrollen? Dann nähst du keinen Saum, sondern heftest den aufgerollten Rand außen mit größeren, möglichst nicht sichtbaren Stichen fest. Nimm dazu einen Wollfaden.

Nähe zum Schluß mit doppeltem Faden kleine Vorstiche durch den oberen gerippten Rand. Ziehe die Mütze damit zusammen. Vernähe den Endfaden gut. Wende die Mütze um.

Knöpfe und Ösen

So unterschiedlich kann man einen Zweilochknopf (siehe 1a) und Vierlochknöpfe (siehe 1b bis 1e) annähen. 2. Hier ist dargestellt, wie man einen Knopf mit Löchern annäht. Daneben siehst du, wie man einen Knopf annähen muß, der nur eine Öse hat.

3. Ein Druckknopf besteht aus einem Oberteil mit einer Nase in der Mitte (siehe 3a) und einem Unterteil mit einer Mulde (siehe 3b). Du siehst, wie man die Druckknopfteile auf den Stoff näht (3c). 4. Öse: Spanne an einer Stoff-, Strick- oder Häkelkante einen Faden dreimal im Bogen (4a) und umnähe ihn mit Schlingstichen (4b).

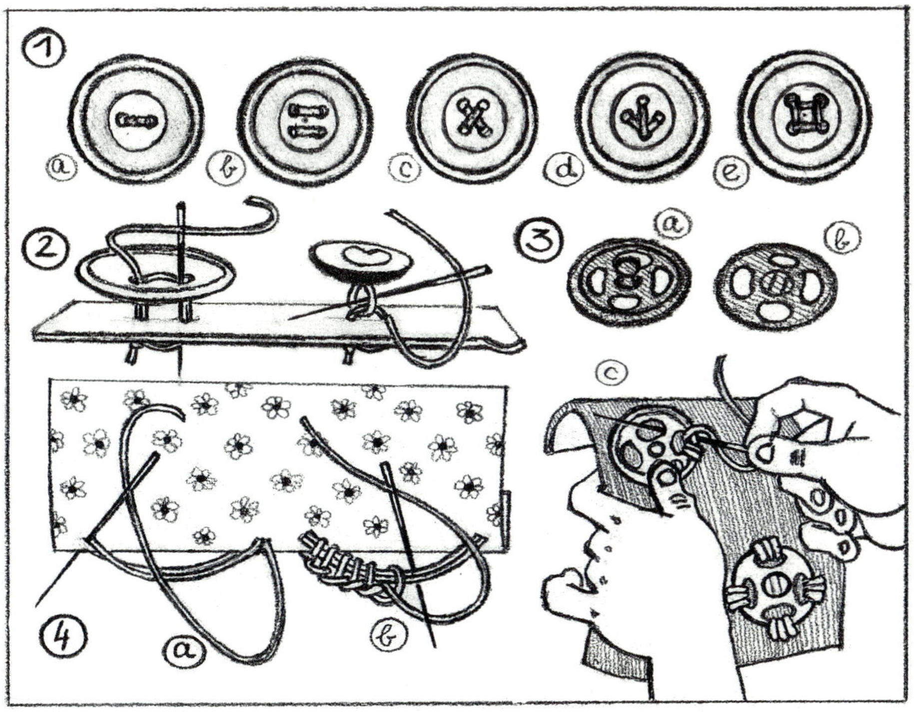

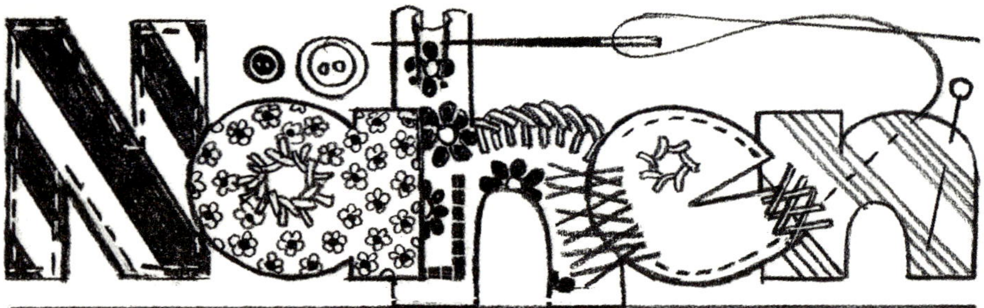

Puppe aus einem Handschuh

Aus einem alten oder übriggebliebenen Fingerhandschuh kannst du eine Puppe nähen.

Puppenkörper

1. Wende den sauber gewaschenen Handschuh auf die unrechte Seite.
2. Schneide Daumen, Zeigefinger und kleinen Finger schräg ab und nähe die offenen Schnittkanten am Handschuh mit doppelten Vorstichen zu.
3. Wende den Handschuh wieder um und nähe Vorstiche rund um den oberen Rand und unterhalb der gerippten Partie (früheres Bündchen).
Stopfe Beine und Körper nicht zu fest mit Watte oder Stoffresten aus. Ziehe dann die beiden Vorstichrunden einzeln zusammen und verknote die Fadenpaare. Vernähe die Enden. Jetzt hat sich der Kopf gebildet.

Haare

4. Winde Wollfäden zu einem dicken Bündel um deine Hand.
5. Schneide das Fadenbündel an beiden Handkanten auf. Wiederhole den Vorgang noch einmal, schneide aber die Fäden an nur einer Seite auf.
6. Umwinde das lange Fadenbündel in der Mitte mit einem Wollfaden und knote ihn fest zusammen.
7. Umwinde auch das kürzere Fadenbündel, jedoch nur drei Finger breit von einem Ende entfernt. Lege die Fadenbündel kreuzweise übereinander: das kürzere Bündel für Pony und Hinterkopf senkrecht, das lange für die Seiten waagerecht.
8. Schneide den vom Handschuh abgeschnittenen kleinen Finger und den Zeige-

finger gleich lang. Sammle mit einer feinen Nadel und dünnem Faden die Randmaschen jedes Fingers an der Schnittkante auf und ziehe den Faden locker hindurch. Stopfe die Arme aus und nähe sie mit kleinen Stichen überwendlich an den Körper.
9. Nähe die Haare auf den Kopf, sticke Mund und Nase auf und nähe zwei Knöpfe als Augen an.

Puppenkleid
10. Nimm ein Stück Stoff, das ungefähr 25 Zentimeter lang und 18 Zentimeter breit ist. Falte es, wie bei a markiert, einmal in der Mitte so zusammen, daß die rechte Stoffseite innen liegt (siehe Zeichnung a). Falte dann den Stoff noch einmal in Längsrichtung zusammen, wie die getrichelte Linie andeutet (siehe b). Der Stoff liegt nun vierfach. Sichere ihn mit Stecknadeln. Schneide, wie durch die gestrichelten Linien angedeutet, Halsloch und Seiten aus (siehe c). Schneide nicht zuviel Stoff heraus, sonst wird das Halsloch zu groß, oder die Ärmel werden zu eng!
Falte den Stoff auseinander, nähe die Seiten vom Ärmel bis zum Saum mit Hinterstichen zusammen (siehe d). Schlage die Ärmelkanten nach außen um und nähe sie mit Saumstichen fest. Säume das Kleid am unteren Rand mit Hexenstichen. Den Halsrand schlägst du zweimal knapp um und durchnähst ihn mit Vorstichen. Den ersten Stich beginnst du in der vorderen Mitte auf der Innenseite, die ja später die Außenseite ist. Dort endest du auch mit dem letzten Stich. Lasse Anfangs- und Endfaden so lang, daß du sie später zur Schleife binden kannst. Alle genannten Stiche findest du auf Seite 10 und 11.

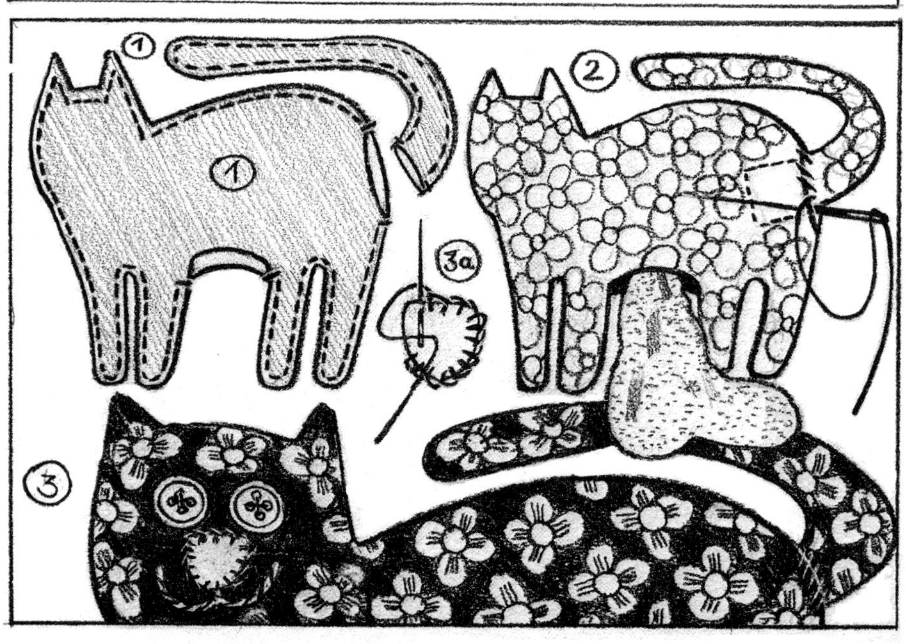

Schmusekissen

Hier stehen die Anleitungen zum Nacharbeiten der drei Kissen von Seite 7.

Kleine Katze

Zeichne auf Papier die Umrisse in der Größe, in der du das Kissen haben möchtest, und schneide es aus.

1. Lege zwei Stoffstücke mit den rechten Seiten aufeinander und befestige darauf den Papierschnitt mit Stecknadeln. Schneide den doppelten Stoff etwa fingerbreit vom Papierschnitt entfernt – das ist die Nahtzugabe – zu.
2. Entferne den Papierschnitt und stecke mit Nadeln die zugeschnittenen Stoffteile genau aufeinander. Nähe die Teile mit Hinterstichen (siehe Seite 10) etwa fingerbreit von der Schnittkante entfernt zusammen. Lasse unten an der geraden Kante einen Schlitz offen.
3. Wende die Arbeit auf die rechte Seite. Streiche die Naht innen mit den Fingern glatt.
4. Stopfe die Katze mit Watte, Schaumstoffschnitzeln oder Stoffresten aus.
5. Nähe den Schlitz überwendlich zu (siehe Seite 11).
6. Nähe den Schwanz mit einer dicken Nadel und entsprechendem Faden mit doppelten Vorstichen ab (Seite 10). Stich dabei durch beide Stofflagen und durch die Füllung. Sticke das Gesicht auf und binde eine Schleife um den Hals.

Schwarzer Kater

Auch hier mußt du einen Papierschnitt anfertigen und den Stoff ausschneiden. Du brauchst zwei Teile für den Körper und zwei für den Schwanz.

1. Nähe Körper und Schwanz mit Hinterstichen zusammen. Die in der Zeichnung markierten Stellen nicht zusammennähen. Wende die Teile.

2. Stopfe zuerst den Schwanz mit Füllmaterial aus. Nimm einen Bleistift zum Nachschieben. Stecke das Schwanzende in die dafür vorgesehene Öffnung und nähe den Schwanz mit überwendlichen Stichen gut fest. Stopfe danach den Körper aus und nähe die letzte offene Nahtstelle überwendlich zu.
3. Nähe Augen aus großen Knöpfen auf (Knöpfe annähen siehe Seite 17). Sticke die Schnauze und appliziere die Nase mit Schlingstichen (siehe Zeichnung 3a) auf den Stoff (Applizieren siehe Seite 24 – 27).

Kleine Dickmadam
1. Fertige einen Papierschnitt mit den angegebenen Maßen an und schneide ihn 15 cm von der Unterkante entfernt waagerecht durch. Stecke die beiden Papierteile auf doppelte Stoffstücke. Nimm für Ober- und Unterteil unterschiedliche Muster. Schneide die Teile aus.
3. Nähe je ein Unter- und ein Oberteil mit doppelten Vorstichen zusammen und falte den Stoff auseinander (siehe 3a).
4. Schneide aus einfarbigem Stoff Hände und Kopf aus. Sticke das Gesicht auf und nähe die Teile auf eines der beiden Kissenteile. Nähe die Hände nicht zu nahe an die Nahtkante. Schneide für den Schürzenlatz ein Stoffrechteck aus und nähe es mit Saumstichen fest.
5. Lege die beiden Kissenhälften mit den rechten Seiten aufeinander und nähe die Kanten bis auf einen Schlitz zu. Wende die Kissenhülle (siehe 5a).
6. Stopfe das Kissen aus und nähe den unteren Schlitz überwendlich zu.
7. Durchnähe mit dickem Faden die Arme, schneide aus Wollfäden Haare und nähe sie auf den Kopf der Madam.

STICKEN

Man unterscheidet freies und fadengebundenes Sticken. Freies Sticken heißt, daß man Zierstiche ohne Rücksicht auf die Stoffart beliebig ausführt. Bei fadengebundener Arbeit stickt man auf Stoff mit deutlich sichtbaren Gewebefäden, die waagerecht und senkrecht die gleichen Abstände haben.

Freie Stickstiche

Vorstiche
1. Vorstiche (1a) sind gut als Füllstiche geeignet. Konturen stickst du mit doppelten Vorstichen (1b). Sie werden in die Zwischenräume gestickt.

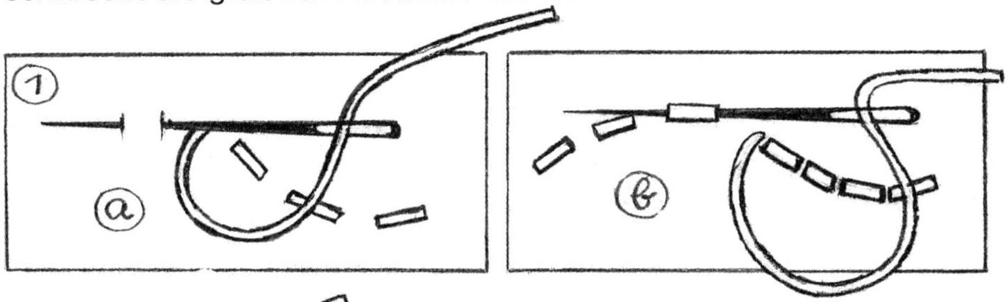

Durchzogene Vorstiche
2. Sie ergeben kordelähnliche Linien. Man näht zuerst einfache Vorstiche und fährt dann noch einmal von oben nach unten unter jedem Stich hindurch.

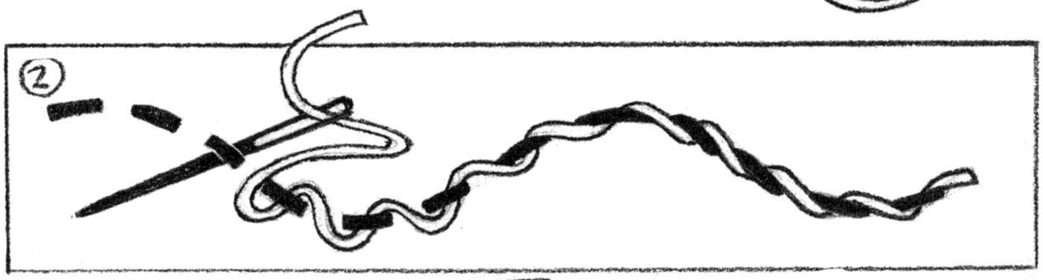

Hexenstiche
3. Kleine Stiche werden abwechselnd ober- und unterhalb einer Markierung von rechts nach links gemacht (3a). Man kann auch im Kreis sticken (3b).

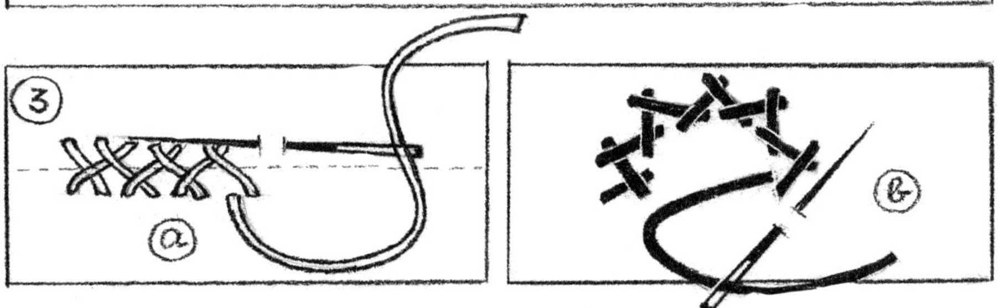

Schlingstiche
4. Du kennst sie von Seite 11. Für eine Blüte stickst du sie als Rosette. Markiere zwei Kreise. Beginne mit einer Schlaufe (4a) und fahre fort wie bei 4b.

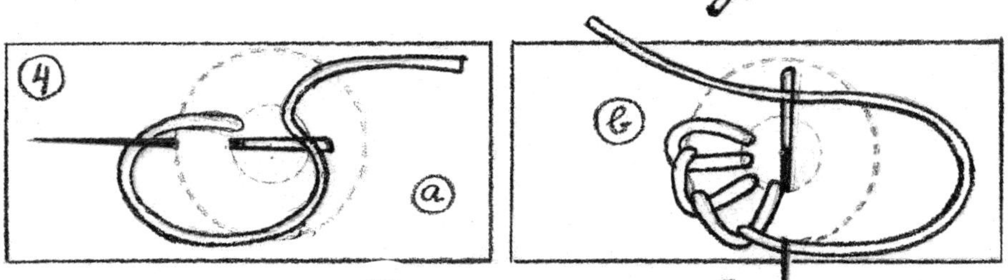

Kettenstiche
5. Rosetten kannst du auch mit Kettenstichen arbeiten. 5a zeigt den Anfang, 5b die Fortführung. Kettenstiche als Reihe werden wie bei 5c gestickt.

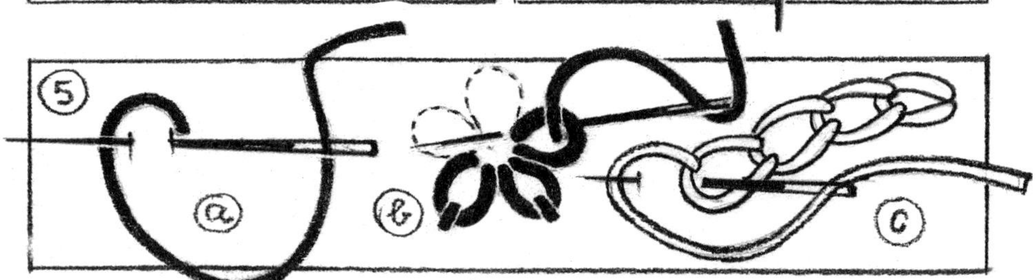

Plattstiche und Sparstiche
6. Hier sticht man rechts an der Markierung ein und links aus (6a). Beim Sparstich stickt man am Rand senkrechte Stiche (6b) und wiederholt sie in den Lücken.

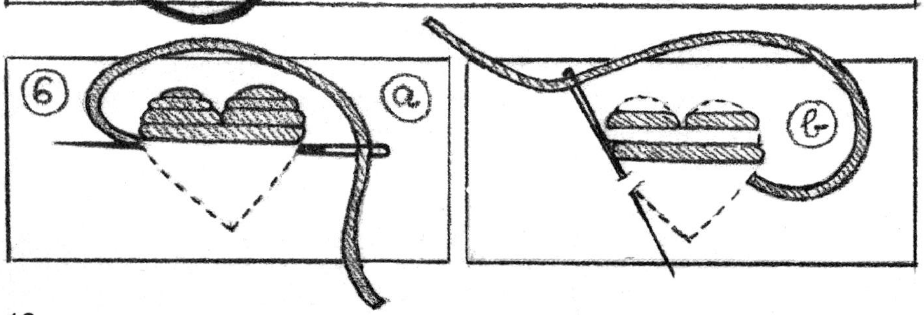

Sticken

Wie heißt du?

Niemand braucht mehr nach deinem Namen zu fragen, wenn du ihn auf dein T-Shirt oder deinen Pulli stickst. Zeichne die Buchstaben mit Bleistift direkt auf den Stoff. Falsche Linien entfernst du mit dem Radiergummi. Sticke dann die Buchstaben mit Perlgarn, Sticktwist oder anderem Garn nach, bei Wollsachen mit Wolle. Der Name auf dem Foto links wurde mit Kettenstichen gestickt (siehe Seite 18). Achte beim Sticken darauf, daß du den Arbeitsfaden nicht zu straff anziehst, sonst zieht sich auch der Stoff unter der Stickerei zusammen.

Blauer Vogel

Der dicke blaue Piepmatz vom Foto links wurde zuerst in Umrissen mit Bleistift auf das weiße Sweatshirt gezeichnet. Du kannst auch etwas ganz anderes zeichnen. Sticke zuerst die Konturen mit einfachen Vorstichen nach und fülle dann mit den gleichen Stichen die Innenfläche. Versuche die Stiche so anzuordnen, daß sie den Eindruck eines Federkleides erwecken. Der Vogel wurde in zwei verschiedenen Blautönen mit Perlgarn gestickt. Beine, Auge und Schnabel sind hellbraun. Du kannst natürlich auch ganz andere Farben wählen.

Einmalige Jeans

Aus einer ganz normalen Hose kannst du dir ein einmaliges Kleidungsstück machen, das sonst niemand hat. Das Foto rechts soll dir dabei als Anregung dienen. Du brauchst ja nicht alles auf einmal zu sticken, sondern kannst deine Arbeit nach und nach ergänzen. Hier die Sticharten. Sie sind alle auf Seite 18 erklärt. Untere Bundkante: Schlingstiche. Taschenkanten und Schlitzstepperei: Hexenstiche. Notizbuch (in der rechten Tasche): Durchzogene Vorstiche. Name Nadine: Vorstiche. Kette (aus der Tasche kommend): Kettenstiche. Elefant: Durchzogene Vorstiche. Gürtelschlaufen: Kettenstiche. Wolke und Sonne: Durchzogene Vorstiche. Baumstamm und Zweige: Vorstiche und durchzogene Vorstiche. Blätter: Kettenstiche, einzeln gestickt. Leiter: Sparstiche, Früchte: Plattstiche. Korb und Gras: Vorstiche, in Gruppen gestickt.

Schutzengel

Ein kleiner Engel, auf ein Stück Filz oder anderen glatten Stoff gestickt, ist ein besonderes Geschenk für eine Freundin. Sie kann den Engel mit dem wolkenförmig zugeschnittenen Stoff später auf eine Tasche, ein Kleidungsstück oder ähnliches aufnähen (siehe Seite 24–27, Applizieren). Zeichne den Engel mit Bleistift dünn vor und sticke die Konturen mit durchzogenen Vorstichen nach. Die Haare arbeitest du in unregelmäßigen Vorstichen, das Herz mit Vorstich-Konturen und Sparstich-Füllung. Die Sternchen sind Kreuzstiche mit einem Überstich.

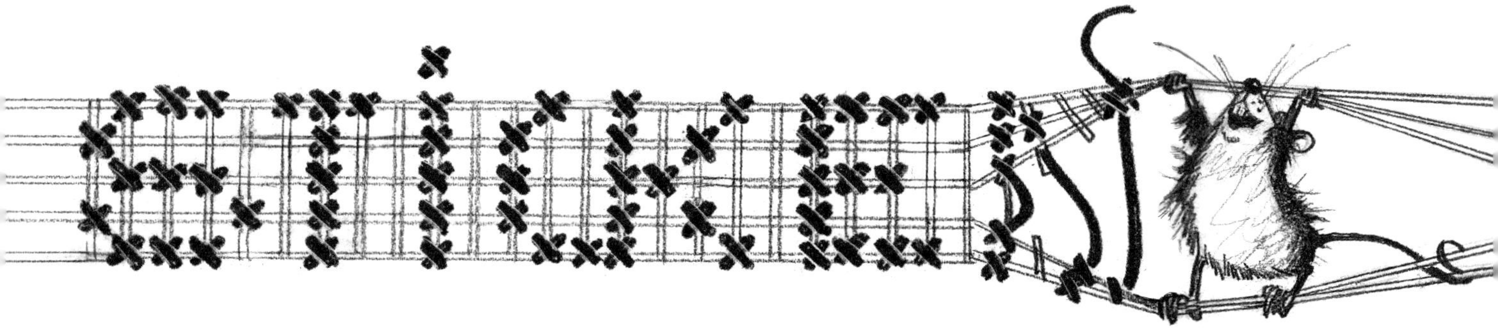

Die Zeichnungen auf dieser Seite und die Fotos rechts zeigen deutlich, daß Kreuzstiche immer in Reihen stehen und genau neben- und übereinander angeordnet sind. Deshalb braucht man für diese Stickerei einen besonderen Stoff.

Kreuzstiche

Unterstiche und Deckstiche
Beim Kreuzstich arbeitet man mit einer kurzen, stumpfen Nadel. Man sticht dabei in die Lücken zwischen den Gewebefäden. Kreuzstiche werden in Hinreihen (Unterstiche) und Rückreihen (Deckstiche) gestickt. Die Nadel führt man dabei senkrecht abwärts.

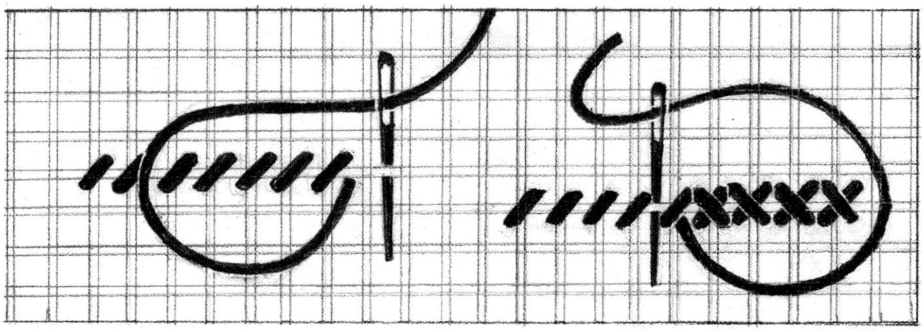

Gleich lange Reihen
Ist die nächste Reihe, die darüber liegt, genauso lang wie die gerade gestickte, sticht man nach dem vorletzten Deckstich von links nach rechts schräg aufwärts, zieht den Faden durch und sticht dann waagerecht von links nach rechts.

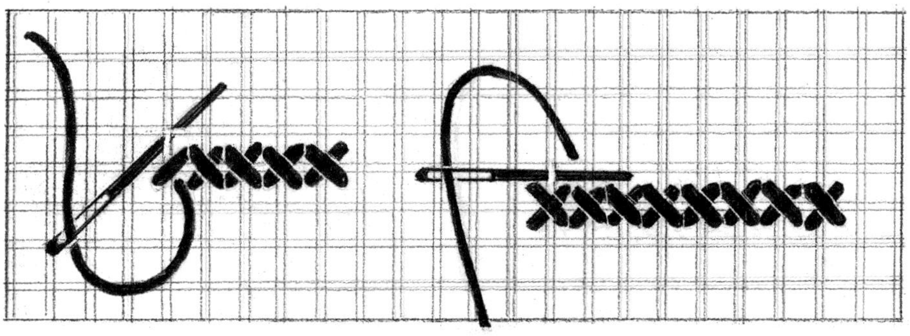

Unterschiedlich lange Reihen
Ist die nachfolgende Reihe länger, sticht man nach dem vorletzten Deckstich unter dem übernächsten Faden waagerecht nach links (siehe Zeichnung links). Ist die Anschlußreihe kürzer, sticht man rechts zurück (siehe Zeichnung rechts).

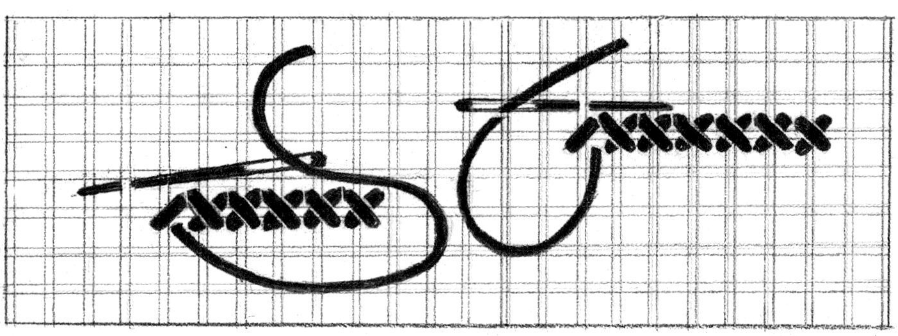

Senkrechte Reihen
Möchte man Kreuzstichreihen senkrecht sticken, führt man die Nadel waagerecht von rechts nach links. Die Unterstiche arbeitet man aufwärts, die Deckstiche abwärts. Sollen schräge Linien gestickt werden, arbeitet man jedes Kreuz einzeln fertig.

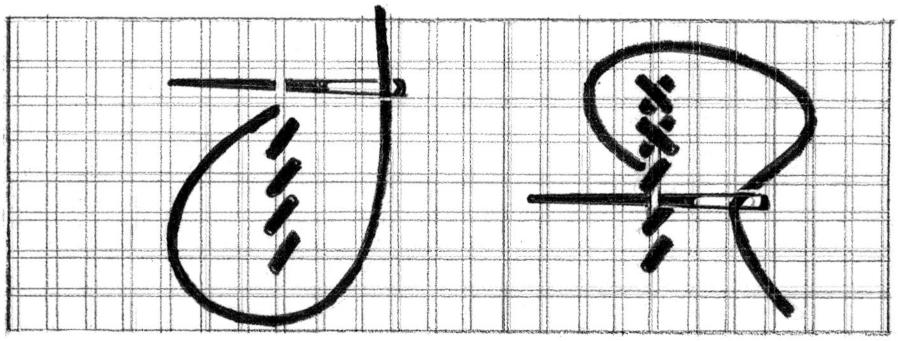

So stickt man Motive

Anders als bei sonstigen Stichen wird der Kreuzstich fast nie einzeln fertig gestickt. Man arbeitet in Hin- und Rückreihen, meistens waagerecht, manchmal auch senkrecht, wie links erklärt. Der Stickgrund ist immer ein sogenannter Zählstoff. Das ist ein Stoff mit deutlich sichtbaren, also auch zählbaren Gewebefäden, die senkrecht und waagerecht gleiche Abstände voneinander haben. Der bekannteste Zählstoff ist Aida-Stoff (sprich: A-i-da), der oft fälschlich als Stramin bezeichnet wird. Aida-Stoff, wie du ihn hier rechts siehst, ist billig. Auf dem Foto rechts oben sind die einzelnen Arbeitsschritte zu dem Weihnachtsbaum gezeigt, den du noch einmal auf dem unteren Foto siehst. Fange mit dem Sticken beim Stamm an und arbeite in waagerechten Hin- und Rückreihen bis zur Baumspitze.

Stickgrüße

Kleine Stickbilder, auf Karton geklebt und in einem Briefumschlag verschickt, sind ein besonders lieber Gruß. Der Empfänger kann die Stickerei an die Wand hängen oder als Buchzeichen verwenden. Zähle zu Beginn die Gewebekästchen ab und entwirf auf kariertem Papier ein Motiv in entsprechender Größe. Lege die Mitte der unteren Motivreihe fest und zähle nach links bis zum ersten Stich. Sticke von links nach rechts alle Unterstiche, danach entgegengesetzt die Deckstiche der ersten Reihe. Wie es weitergeht, ergibt sich dann.

Applizieren heißt Aufnähen von ausgeschnittenen Stoffteilen auf einen Grundstoff, zum Beispiel ein Sweatshirt. Die fertige Arbeit nennt man Applikation. Man kann auch kleine gestrickte oder gehäkelte Teile applizieren. Wichtig ist, daß die aufgenähten Teile nicht schwerer sind als der Grundstoff, der ihnen den Halt gibt.

Sweatshirt mit Katze

Das Applizieren ist einfach. Am besten lernst du es an einem Beispiel wie diesem. Probiere deine Kunst doch gleich einmal mit einem Stoffrest auf einem älteren Shirt oder Pulli aus. Sieh dir genau die Zeichnungen links und das große Foto rechts an.

Zuschnitt

1. Zeichne die Umrisse der Katze oder eines anderen Motivs auf Papier und schneide sie aus.
2. Befestige den Papierschnitt mit Klebstreifen auf dem Stoff, den du aufnähen willst, und schneide das Motiv aus.

So wird appliziert

3. Lege das Sweatshirt oder den Stoff, auf den du das Motiv aufnähen möchtest, glatt auf den Tisch. Lege das ausgeschnittene Motiv an die vorgesehene Stelle und befestige es mit Klebstreifenstückchen rundherum an den Kanten. Du kannst auch Stecknadeln nehmen.
Nähe das Motiv mit Hexenstichen auf (siehe Zeichnung 3). (Hexenstiche siehe Seite 11 und 18). Du kannst anstelle der Hexenstiche auch Schlingstiche machen (siehe Seite 11 und 18).
4. Sticke Krallen und Gesicht mit Hinterstichen (siehe Seite 10) und durchzogenen Vorstichen (siehe Seiten 10 und 18) auf. Die Nase stickst du mit Plattstichen (siehe Zeichnung 4).

Applizieren

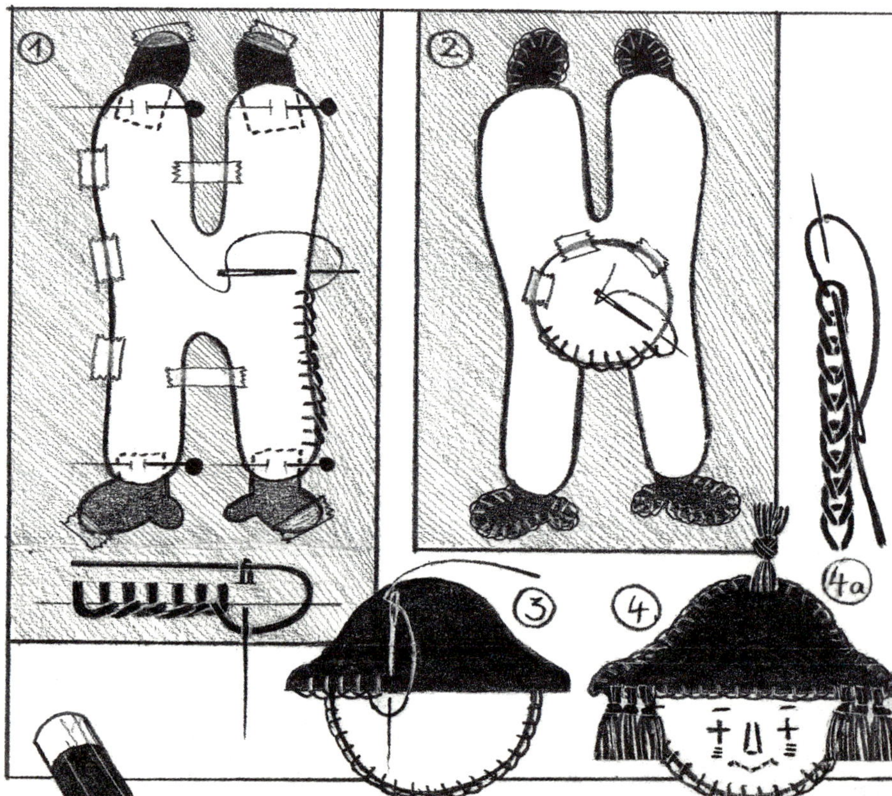

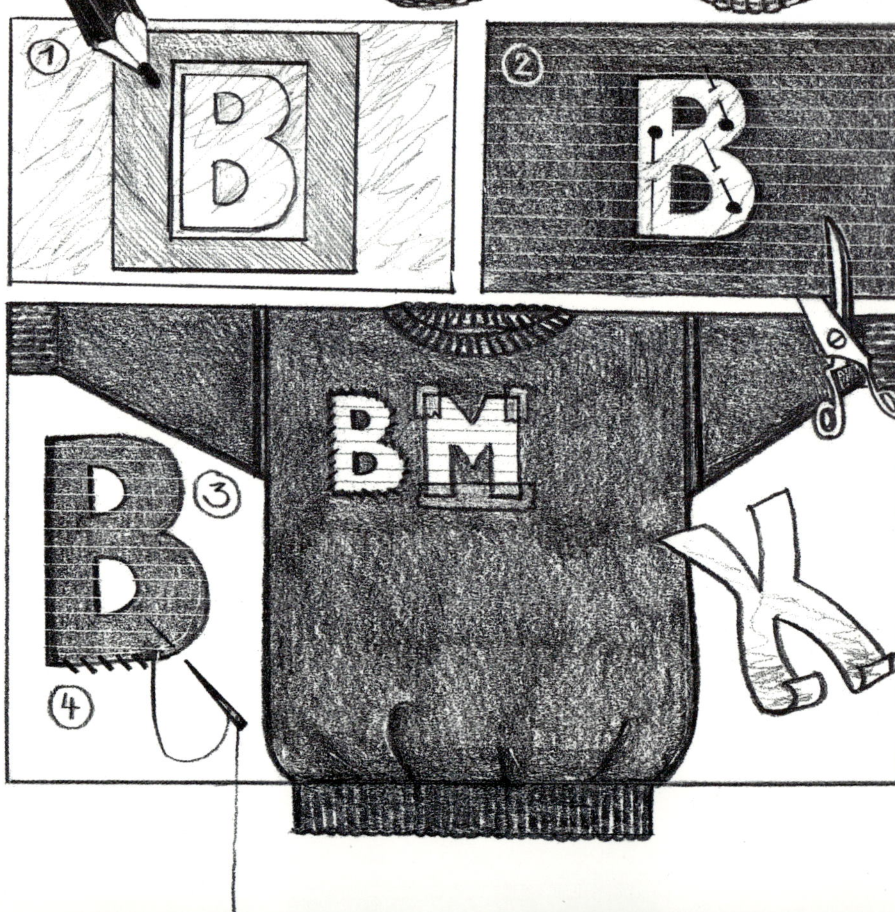

Kleiner Clown

Der Clown links auf dem Sweatshirt ist 15 Zentimeter groß.

1. Schneide Hände, Füße und Körper aus verschiedenen Stoffen, befestige den Körper mit Klebstreifen auf dem Sweatshirt. Schiebe die Hände unter die Ärmel und die Füße unter die Hosenbeine, wie die gestrichelten Linien andeuten. Nähe alles rundherum mit Schlingstichen auf.
2. Schneide einen kreisrunden Kopf aus und nähe ihn ebenfalls mit Schlingstichen fest.
3. Schneide den Hut aus. Nähe ihn mit Schlingstichen fest.
4. Sticke mit beliebigen Stichen das Gesicht auf. Mit Kettenstichen (siehe 4a) das Hutband. Knote Fäden für Haare und Hutzipfel ein.

Buchstaben

1. Schneide aus dickerem Papier einen Rahmen in der gewünschten Buchstabengröße. Zeichne mit Hilfe dieses Rahmens die einzelnen Buchstaben auf Papier und schneide sie aus.
2. Befestige die Papierbuchstaben auf dem Stoff, den du aufnähen willst, und schneide sie nach.
3. Ordne die Buchstaben auf dem Grundstoff an – hier ist es ein Sweatshirt – und bestimme ihren Stand. Hefte ihn mit Klebstreifen fest und nähe ihn mit kleinen Saumstichen an allen Kanten fest. Nähe die anderen Buchstaben genauso auf.
4. Beim vergrößerten B kannst du sehen, wie die Stiche gemacht werden.

Stadtansicht

Das kleine kunterbunte Stoffbild wurde aus vielen Filzresten zusammengestellt. Filzreste gibt es im Hobbyladen zu kaufen. Du kannst auch Stoffreste nehmen. Filz ist allerdings einfacher zu verarbeiten, weil die Schnittkanten nicht ausfransen.
Wenn du dir das Foto genau betrachtest, siehst du die beiden Arbeitsphasen, die vorausgegangen sind: Links sind die einzelnen Stoffteile mit Vorstichen aufgeheftet, man sagt dazu auch Heftstiche, rechts sind sie mit kleinen Saumstichen festgenäht und die Heftstiche wieder herausgezogen.

Applizieren ohne Vorlage
Anders als bei den übrigen Arbeiten dieses Kapitels kannst du hier auf ein Papierschnittmuster für die Teilchen verzichten. Schneide sie aus freier Hand nach Lust und Laune zu und stelle alle Teile ohne Vorlage auf dem Grundstoff zusammen. Hefte jedes Teilchen fest und beginne erst mit dem endgültigen Aufnähen, wenn das Gesamtbild dir gefällt.
Noch etwas: Alle applizierten Teile müssen stellenweise auch auf dem Untergrund festgenäht werden, also nicht nur miteinander verbunden sein.

Ein Gerät zum Weben kannst du dir selbst basteln. Du brauchst dazu einen stabilen Karton oder einen Bilderrahmen mit breiten Leisten. Es genügt aber auch ein Stück Pappe. Für die Spannfäden, die man Kette nennt, brauchst du einen fortlaufenden Faden, für die Einziehfäden, Schuß genannt, kannst du Reste verwenden.

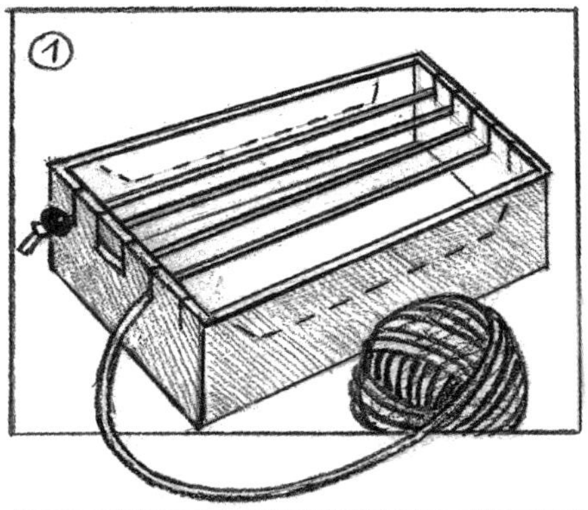

Webrahmen aus Karton

1. Schneide in die Schmalseiten in gleichen Abständen 2 cm tiefe Schlitze. Knote an das Fadenende eine Perle, spanne den fortlaufenden Faden über die ganze Kartonöffnung hin und her. Schneide die Kartonseiten bogenförmig aus (siehe gestrichelte Linie).

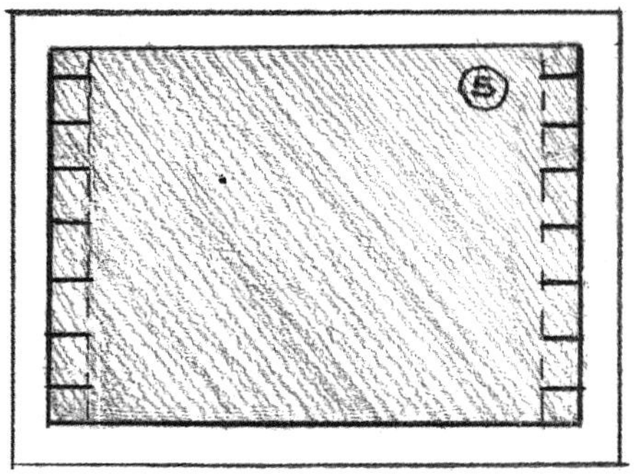

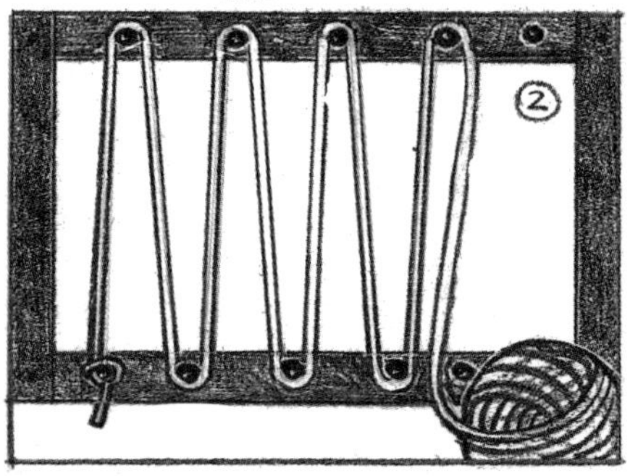

Bilderrahmen als Webrahmen

2. Schlage in die beiden gegenüberliegenden Seiten Nägel in gleichen Abständen ein. Knote den Fadenanfang unten links um den ersten Nagel und spanne den Faden um die Nägel herum hin und her. Knote das Ende am letzten Nagel fest.

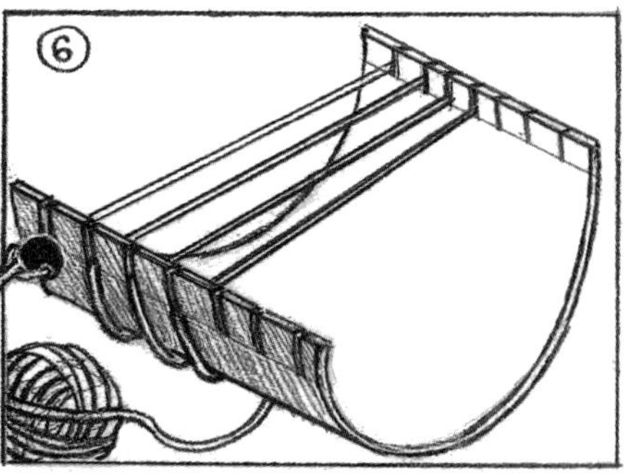

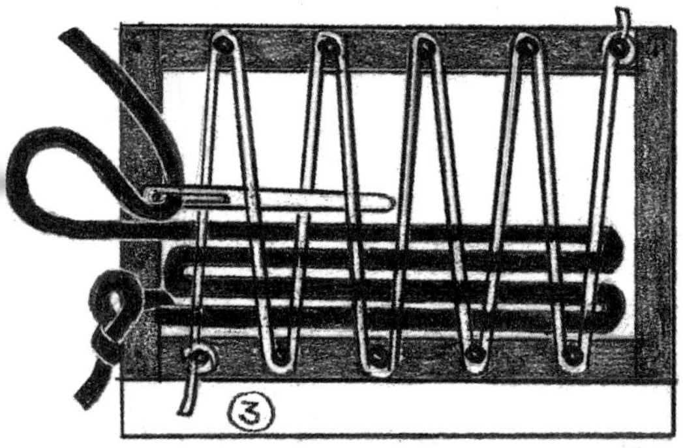

Die ersten Reihen

3. Fädle einen langen Faden in eine dicke Nadel. Knote das Ende an den Rahmen. Fahre mit der Nadel unter jedem zweiten Spannfaden entlang und ziehe den Arbeitsfaden am Ende der Reihe locker an. Nimm bei der nächsten Reihe die zuvor übergangenen Fäden auf.

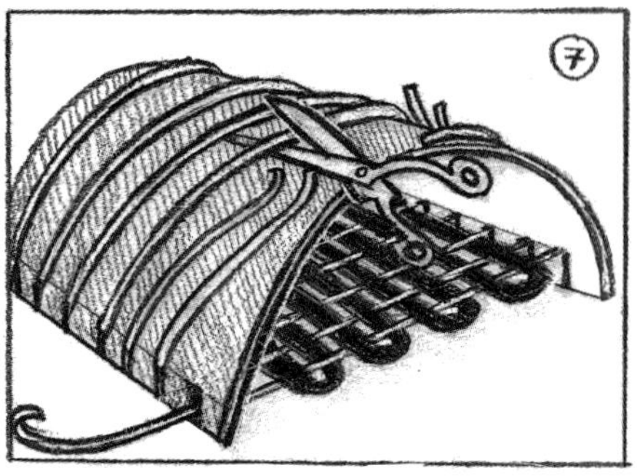

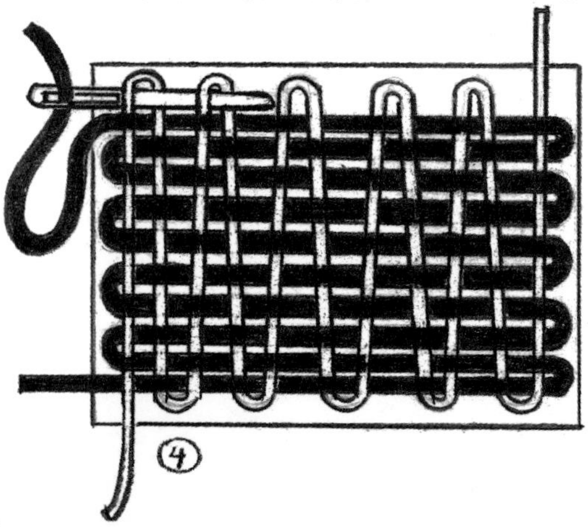

Die letzten Reihen

4. Webe fortlaufend weiter, bis die ganze Fläche geschlossen ist. Schiebe die eingewebten Fadenreihen dicht zusammen. Hake das fertige Gewebe von den Nägeln und durchwebe die noch freiliegenden Stücke in der Hand. Verstopfe alle Fäden im Gewebe.

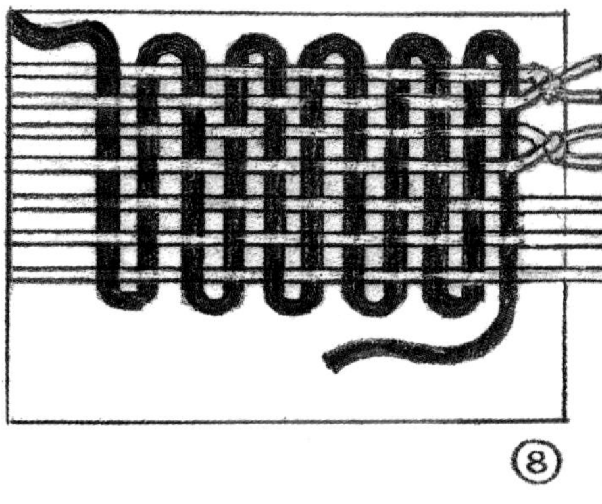

8

Wollfratz

Der Wollfratz wurde auf einer Webgondel hergestellt. Er besteht aus zwei Rechtecken, die zu einem Kissen zusammengenäht und ausgestopft wurden. Die oberen Zipfel sind zusammengebunden. Der Kopf ist nur abgebunden.

Webgondel

5. Auf der Zeichnung links siehst du, wie du ein rechtekkiges Stück Karton, das nicht zu dünn sein darf, an den Schmalseiten einschneiden mußt. Die Schlitze sollen alle den gleichen Abstand voneinander haben. Je mehr Schlitze du machst, um so dichter wird später das Gewebe.

Webgondel bespannen

6. Knote an den Anfang des Spannfadens eine Perle. Klemme die Perle hinter den ersten Schlitz. Führe den Faden zum gegenüberliegenden Schlitz und drücke dabei den Karton bogenförmig. Führe den Faden unten um den Karton herum wieder aufwärts.

Weben

7. Durchwebe die Spannfäden, wie links bei Nr. 3, bis die Fläche gefüllt ist. Schiebe die Webreihen dicht zusammen. Schneide danach die Fäden auf der Unterseite der Webgondel durch und löse die Halteperle.

Kettfäden vernähen

8. Verknote die durchgeschnittenen Spannfäden – man nennt sie auch Kettfäden – paarweise und verstopfe die Einzelfäden im Gewebe. Du kannst auch alle Kettfäden in das Gewebe zurückstopfen, dann hast du gerade Kanten.

Bilder weben

Die Dichte des Gewebes hängt davon ab, wie fest du die eingezogenen Fäden zusammenschiebst und wie eng die Längsfäden gespannt werden. Bei der Bildweberei webt man die Reihen nicht immer bis zum Ende, sondern man folgt der Vorlage und wendet entsprechend.

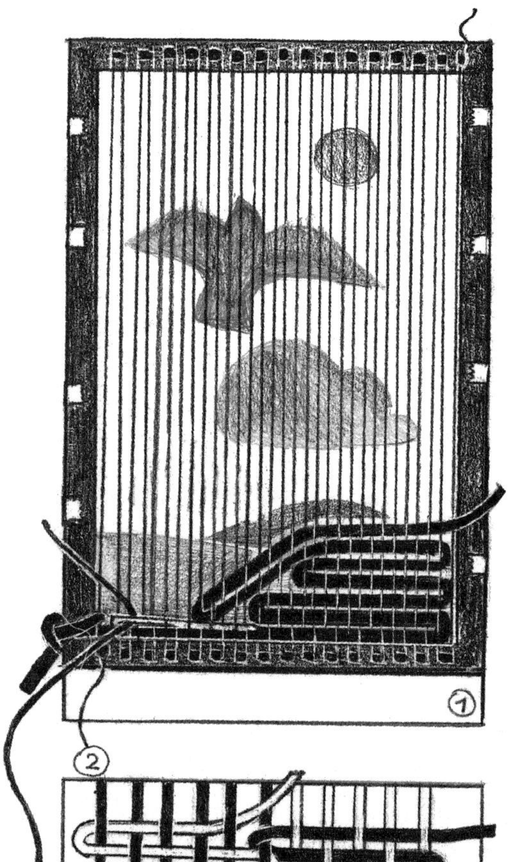

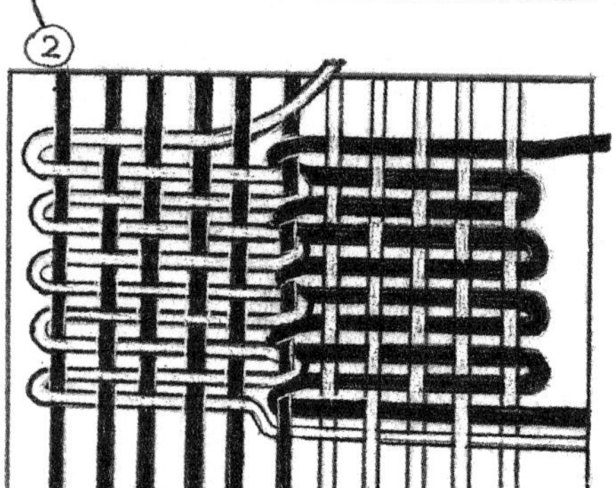

Bespannen und Weben

1. Zeichne eine einfache Webvorlage in der vorgesehenen Größe auf Papier oder Karton und befestige sie mit Klebstreifen am Webrahmen. Spanne darüber die Längsfäden, die man Kette nennt. Webrahmen mit eingesägten Zinken oder eingeleimten Pflöcken zum Spannen der Kette kann man im Hobbyhandel kaufen. Beginne am linken unteren Rand mit dem Einziehen des ersten waagerechten Fadens, den man Schuß nennt, und webe erst einige durchgehende Reihen. Folge dann den Konturen der Vorlage. Schiebe dabei stets die Webfäden ganz dicht zusammen, so daß nichts mehr von der Kette zu sehen ist. Du kannst beliebig lange, kurze, schräge oder gerade Reihen weben.

Weben mit verschiedenen Farben

2. Damit sich zwischen den einzelnen Farbfeldern keine Löcher bilden, wendest du den Faden der Nachbarfarbe um denselben Kettfaden wie die vorhergehende.

Schräg verlaufender Farbwechsel

3. Bei schräg verlaufendem Farbwechsel wendest du, wie es hier gezeigt ist.

Unregelmäßiger Farbübergang

4. Auf der Zeichnung siehst du unregelmäßige Farbübergänge. Dabei wird jedes Farbfeld für sich fertig gewebt, bevor die nächste Farbe kommt.

Diagonale Schußfäden

5. Du kannst auch streng waagerechte und diagonal verlaufende Schußfäden kombinieren, das macht dein Bild lebendig.

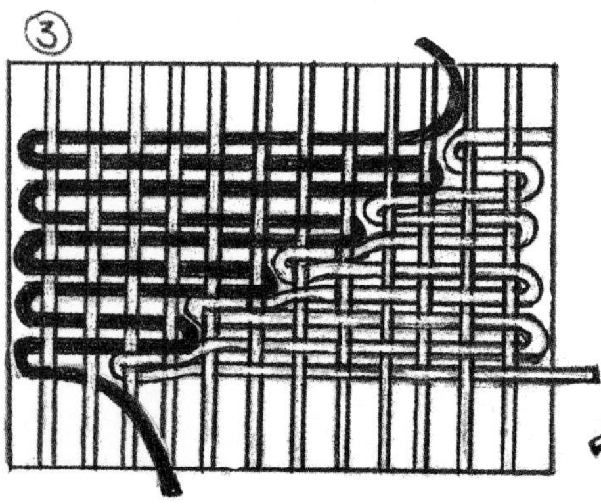

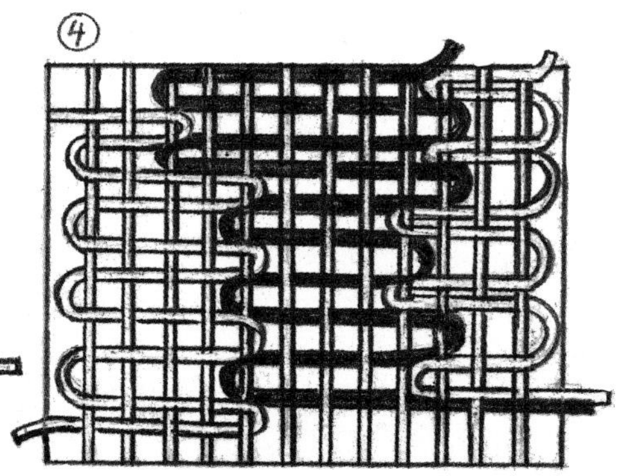

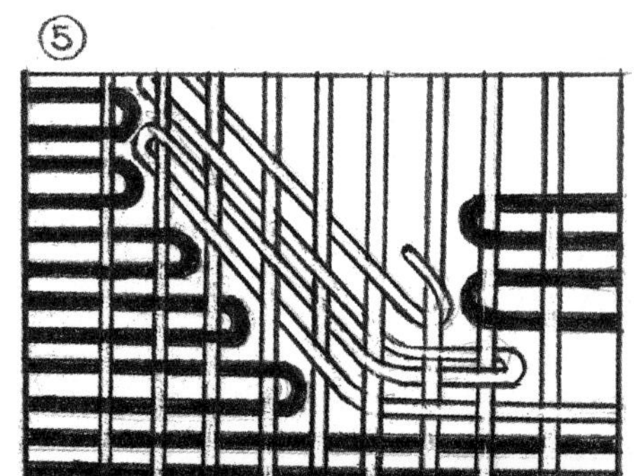

Beispiele

Kleine Landschaft

Auf dem Foto rechts siehst du einen Webrahmen mit einem fertig gewebten Bild. Es wurde nicht direkt am unteren Rand begonnen, sondern sitzt genau in der Mitte der Kettfäden. Das hat den Vorteil, daß du die fertige Arbeit vom Rahmen nehmen und die freigebliebenen Kettfäden gleich zum Befestigen des Webbildes auf einem anderen Textiluntergrund verwenden kannst.
Dazu mußt du die Fadenschlaufen an den Enden aufschneiden und die Fäden einzeln in eine dicke Nadel ziehen.
Das kleine Landschaftsbild wurde aus weicher Stickwolle gewebt und dann als Tasche auf einen einfarbigen Pullover genäht. Die Tasche ist ungefähr 15 x 15 Zentimeter groß. Als Webrahmen diente eine Pappgondel (siehe Seite 28).

Schäfer

Die Weberei mit dem Schäfer und seinem Lamm ist schon eine größere Arbeit. Man braucht etwas Geduld dazu. Allerdings geht das Weben ziemlich schnell, viel schneller als zum Beispiel das Stricken. Bei dem Webbild wurde die ganze Rahmenhöhe zum Weben genutzt. Die fertige Webarbeit wurde auf ein einfarbiges Kissen mit Saumstichen aufgenäht (Saumstiche siehe Seite 11).
Wenn du kein Kissen hast, kannst du noch eine einfarbige Platte für die Rückseite weben und daraus ein Kissen nähen. Möchtest du dein Webbild an die Wand hängen, mußt du die oberen Kettfäden um ein Holzstäbchen knüpfen. Die unteren Fäden kannst du paarweise zu Fransen verknoten.

Das Häkeln ist eine Handarbeit, die man in weniger als einer Stunde erlernen kann. Man braucht nur Garn und eine Häkelnadel, weiter nichts. Allerdings sollten Garn und Nadel in der Stärke zueinander passen.

Dünnes Garn und dicke Nadel
Häkelt man feines Garn mit einer wesentlich dickeren Nadel, wird die Arbeit locker und weitmaschig.

Dickes Garn und dünne Nadel
Schwieriger ist es, wenn man dickes Garn mit einer dünnen Häkelnädel verarbeitet. Erstens ist die Arbeit mühsam, weil man schwer durch die dichten Maschen stechen kann, zweitens wird das Gehäkelte steif und fest wie ein Brett.

Garn und Nadel gleich dick
Sind Häkelnadel und Garn ungefähr gleich dick, wird die Arbeit dicht, aber nicht brettig, also genau richtig.

Tips für Anfänger
Nun hängt die Maschendichte aber auch noch davon ab, wie fest man nach jeder Schlinge den Arbeitsfaden anzieht. Anfänger häkeln meistens zu fest, weil sie die Arbeit verkrampft halten. In diesem Fall nimmt man lieber eine Nadel, die etwas dicker als das Garn ist. Häkelt man dagegen sehr locker, darf die Nadel etwas dünner sein. Mit einer Häkelnadel Nr. 3 oder 4 kann man die meisten Garnsorten verarbeiten. Löwen-Schal und Handschuhe vom Foto kannst du nacharbeiten (siehe Seiten 38, 39).

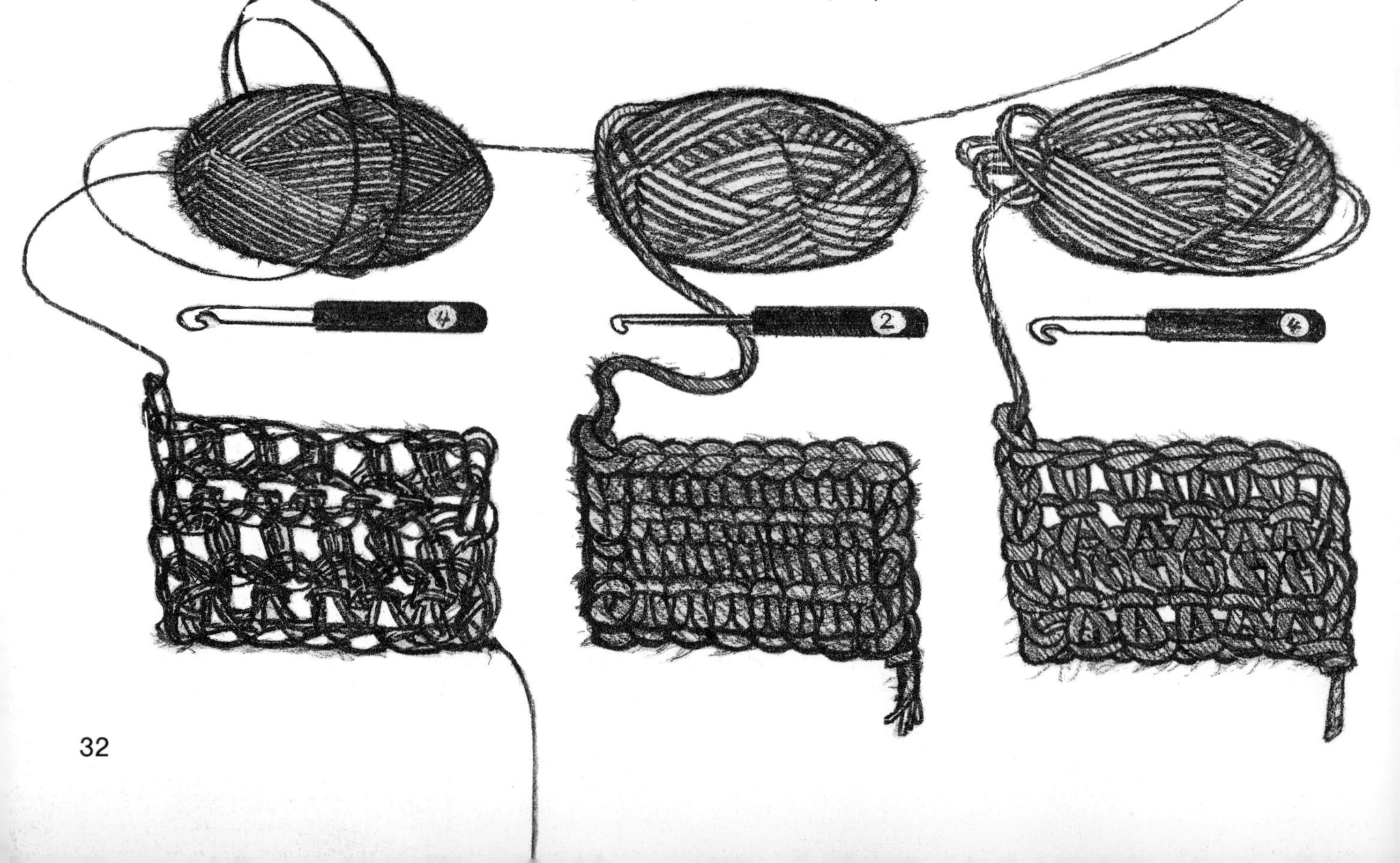

Luftmaschen und feste Maschen

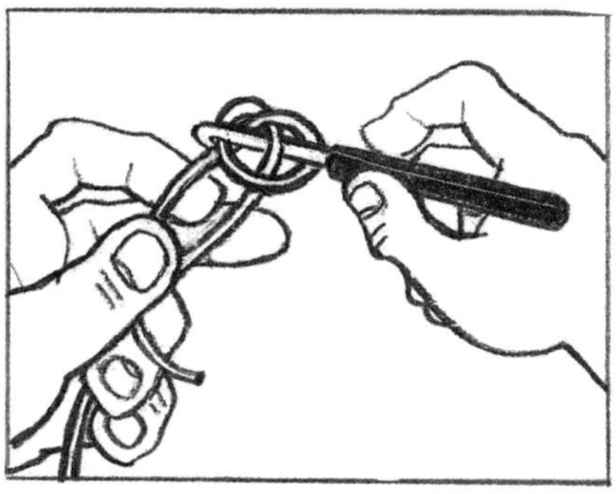

Der Anfang
Ganz oben auf dieser Seite siehst du eine Fadenverschlingung wie eine Brezel. Das ist der Anfang, den du für die erste Luftmasche brauchst. Schlinge deinen Faden genauso. Das linke Ende kommt vom Knäuel und wird Arbeitsfaden genannt. Das rechte ist der kurze Fadenanfang. Stecke den Kopf der Häkelnadel so durch die Schlinge wie links gezeigt und ziehe die Schlinge an beiden Fäden stramm.

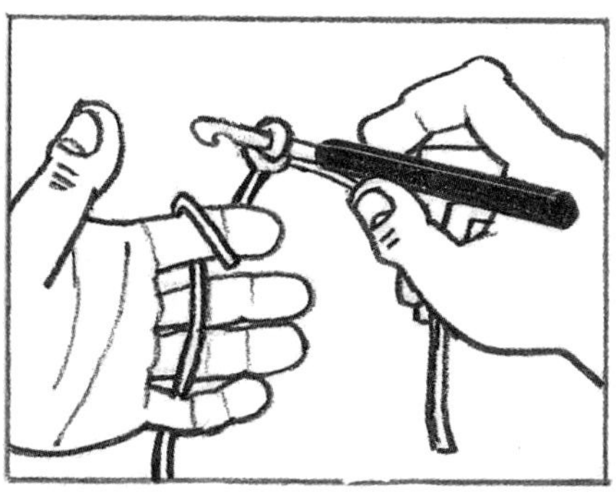

So hält man Faden und Häkelnadel
Auf dieser Zeichnung siehst du, wie man den Faden um die Finger der linken Hand schlingt und wie man die Nadel hält. Einige häkeln lieber mit einem Arbeitsfaden, der nur einmal über den Zeigefinger läuft, also nicht herumgewunden wird. Probiere aus, wie du den Faden führen möchtest. Die Häkelnadel kann man auf zweierlei Art fassen: Entweder wie ein Tischmesser, wobei der Nadelschaft mit der Hand von oben umfaßt wird, oder wie einen Schreiber (siehe Zeichnung). Bei der gezeigten Handhaltung ermüdet man nicht so schnell.

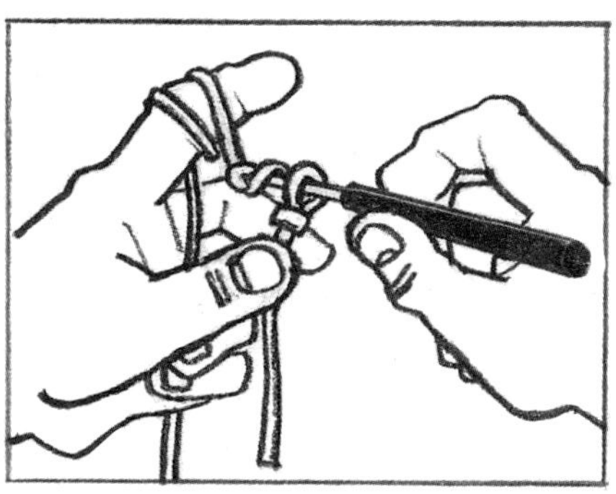

Die erste Luftmasche
Fasse mit Daumen und Mittelfinger der linken Hand den Fadenzipfel unterhalb der Schlinge. Hole mit der Häkelnadel eine neue Fadenschlinge, indem du von vorn nach hinten unter dem vom Zeigefinger kommenden Arbeitsfaden hindurchfährst. Dabei nimmst du den Faden auf den Haken.

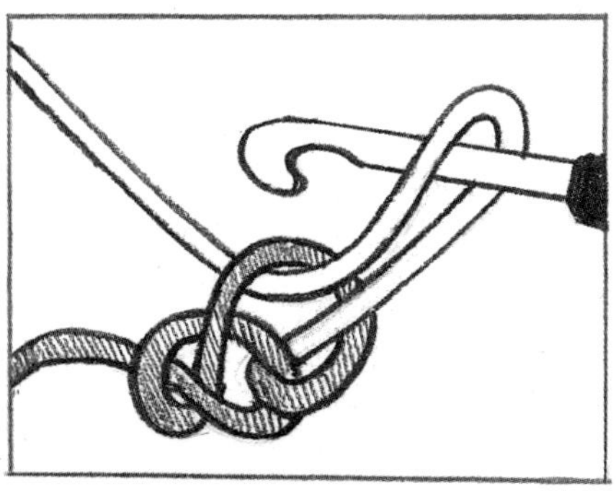

Die zweite Luftmasche
Ziehe den geholten Faden nun durch die Anfangsschlinge auf der Häkelnadel. Wir haben den Vorgang hier größer und ohne Hände gezeichnet, damit du genau sehen kannst, wie der Faden als Schlinge durchgezogen – man sagt eigentlich durchgeholt – wird. Lasse beim Durchholen der Schlinge den Arbeitsfaden nachrutschen und ziehe die neue Schlinge auf der Nadel etwas fest.

Luftmaschenkette
Fortlaufend den Arbeitsfaden holen und durch die Schlinge ziehen, die du auf der Nadel hast. Ziehe nach jeder Masche den Faden gleichmäßig an.

Die nächste Reihe
Stich am Ende der Luftmaschenreihe in die drittletzte Luftmasche zurück. Die Luftmasche auf der Nadel zählt als letzte. Feste Maschen bildet man, indem man in eine Masche der Vorreihe einsticht und durch diese die neue Schlinge holt.

Die erste feste Masche
Die Arbeit wird zwischen Daumen und Mittelfinger der linken Hand immer kurz hinter der Einstichstelle gehalten. Hole den Arbeitsfaden als Schlinge durch die drittletzte, aber nicht durch die letzte Luftmasche auf der Nadel.

Zwei Schlingen auf der Nadel
Wenn jetzt zwei Schlingen auf deiner Nadel sind, hast du es richtig gemacht. Hole nun wieder den Arbeitsfaden. Achte darauf, daß beide Schlingen auf der Häkelnadel gleich fest angezogen sind.

Masche festziehen
Ziehe den Arbeitsfaden durch beide auf der Häkelnadel befindlichen Schlingen zugleich. Damit ist die feste Masche fertig.
Dieser Vorgang wird nun fortlaufend wiederholt.

Feste Maschen

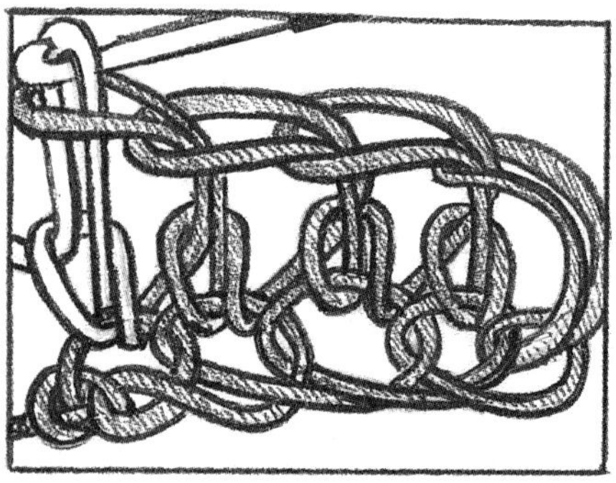

So häkelst du weiter
Häkle weiter feste Maschen, in jede Luftmasche eine: Faden durch die Luftmasche holen, auf der Nadel lassen, Faden nochmals holen und durch beide Schlingen ziehen. Fasse Arbeit und Nadel locker an, sonst ermüden deine Hände sehr schnell. Und denke daran: Den Faden nach der Schlingenbildung immer anziehen, so daß alle Maschen gleich groß werden.

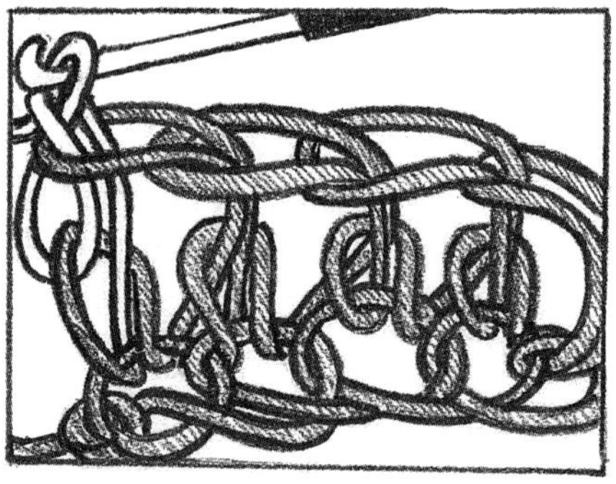

Wendeluftmasche
Am Ende der Reihe muß die Arbeit so gewendet werden, daß die zuletzt gehäkelte Masche wieder am Anfang liegt und man von rechts nach links weiterhäkeln kann. Bevor du die Arbeit umdrehst, mache eine Luftmasche, damit du gleich zu Beginn die Höhe der neuen Reihe erreichst. Man nennt diese Randmasche, die stets am Ende der Reihe gemacht wird, Wendeluftmasche.

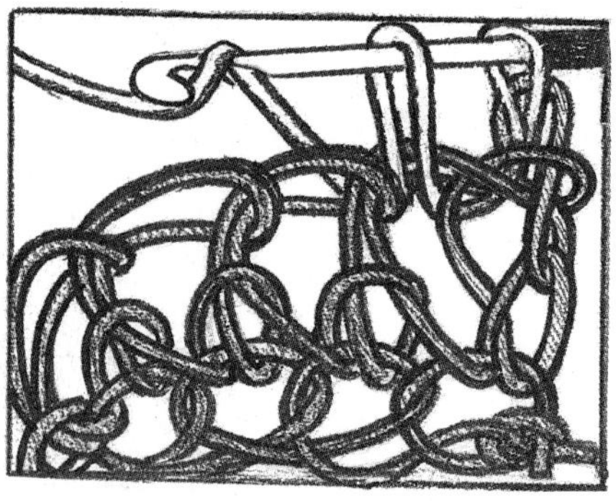

Die nächste Reihe häkeln
Nach dem Wenden sticht man unter den übernächsten beiden Maschengliedern der Vorreihe hindurch und holt die neue Fadenschlinge. Dann häkelt man wie oben beschrieben weiter. Man sticht immer unter den folgenden Maschengliedern der Vorreihe hindurch.

Rippenmuster
Ein waagerechtes Rippenmuster entsteht, wenn man zum Fadenholen nur durch das hintere Maschenglied sticht (siehe Zeichnung 1).

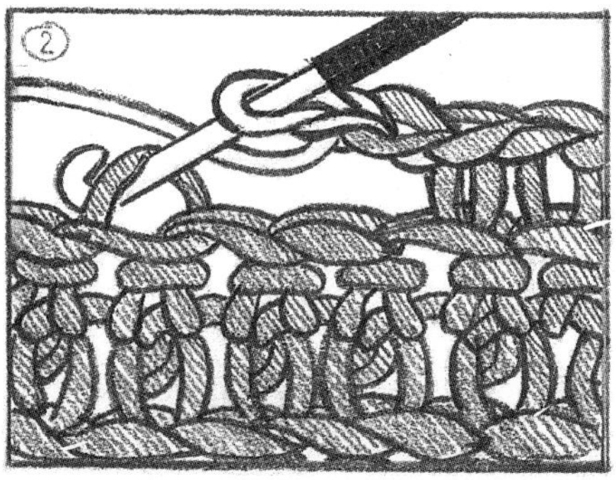

Gürteltasche

Die kleine Gürteltasche vom Foto kann man aus rot-weißem Bindfaden oder anderem Garn häkeln.

1. Schlage 20 Luftmaschen an und häkle 30 Reihen im Rippenmuster (siehe Zeichnung 1, Seite 36).

Knopfloch

2. Häkle für das Knopfloch in der 31. Reihe 2 feste Maschen, dann 2 Luftmaschen. Überspringe mit den Luftmaschen 2 Maschen der Vorreihe und arbeite die nächste feste Masche in die dritte Masche der Vorreihe nach der Lücke (siehe Zeichnung 2, Seite 36 unten). Wiederhole diesen Vorgang 4 Maschen vor dem Ende der Reihe für das zweite Knopfloch.
3. Bei der anschließenden Reihe, die die letzte ist, stichst du bei den Knopflöchern unter den Luftmaschen hindurch (3).
4. Verstopfe Anfangs- und Endfaden gut in der Häkelei (4).

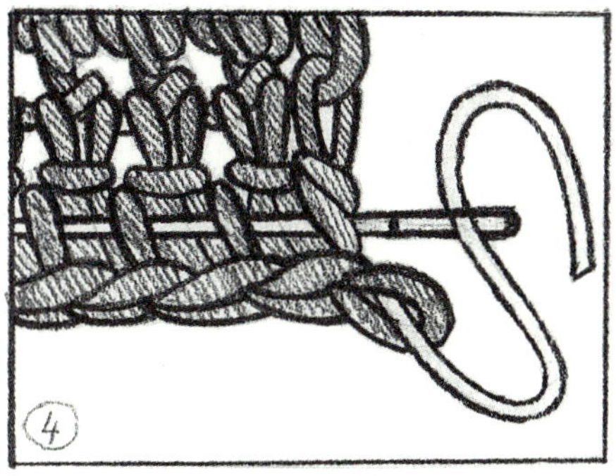

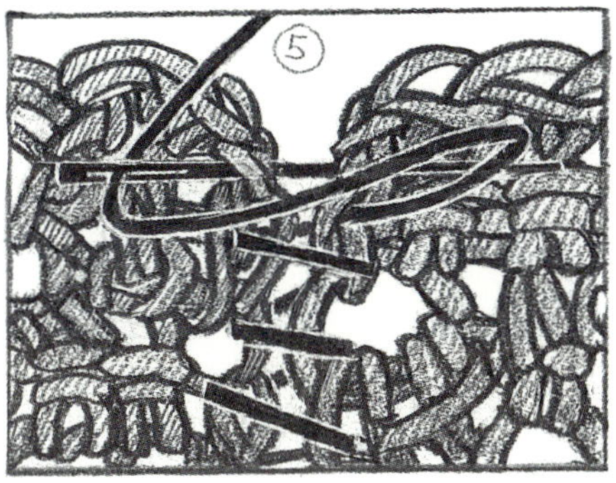

Zusammennähen

5. Klappe das untere Stück der Arbeit nach vorn um und nähe die beiden Seiten zusammen (5).
6. Nähe oder knote zwei Knöpfe an (6).
7. Häkle zum Schluß an beiden Seiten in die Maschen der umgebogenen Oberkante je einen Streifen, der 4 Maschen breit und 10 Reihen hoch ist, und nähe die Enden rückseitig fest (7).

Vernähe alle Endfäden gut, damit sich nichts auflöst.

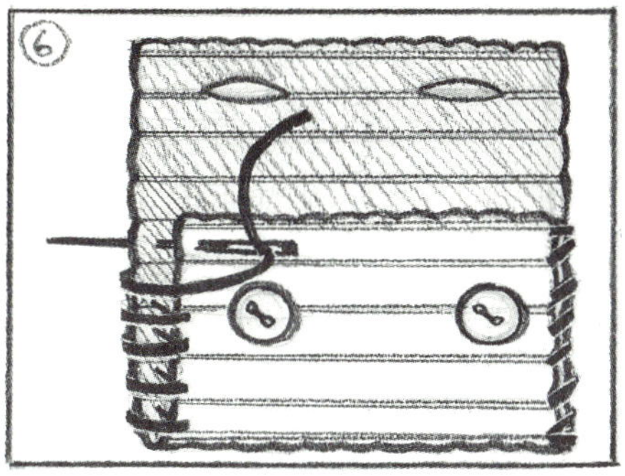

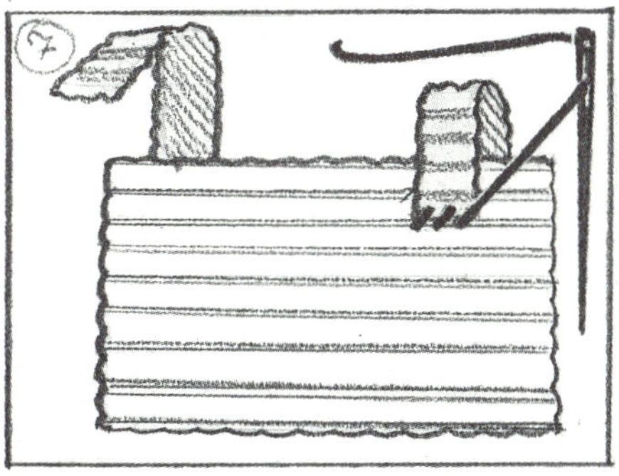

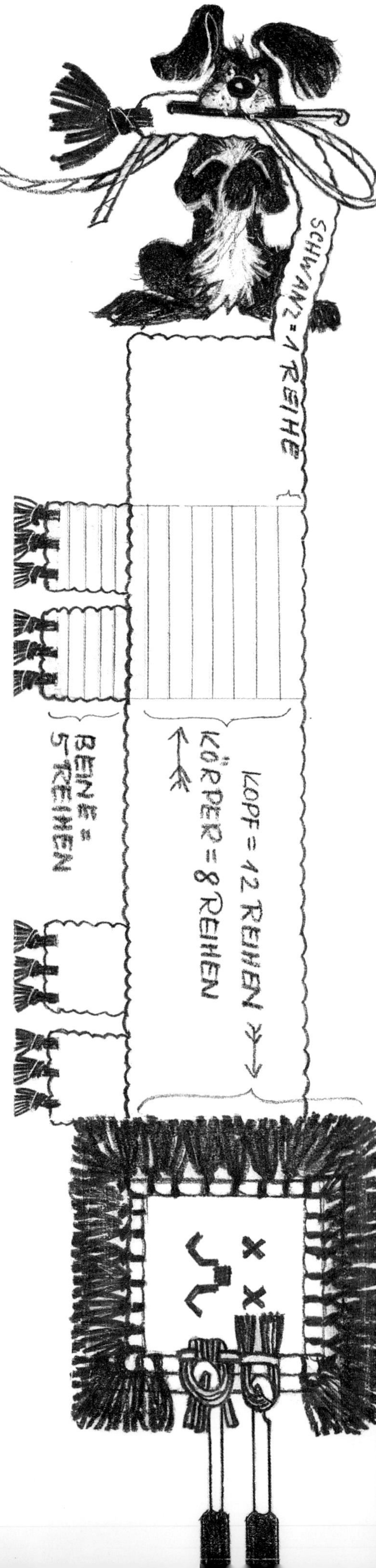

Zu- und Abnehmen

Innerhalb der Reihe zunehmen
Will man eine Arbeit verbreitern, muß man Maschen zunehmen. Das kann innerhalb einer Reihe oder am Rand geschehen. Innerhalb der Reihe häkelt man zwei feste Maschen durch eine Masche der Vorreihe.

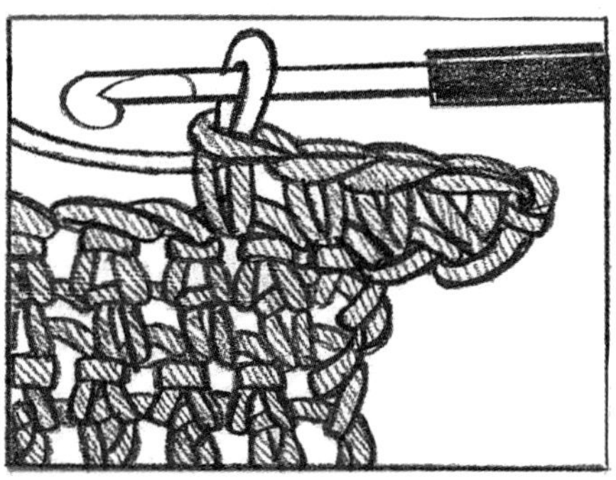

Am Rand zunehmen
Am Rand nimmt man zu, indem man am Ende der Reihe so viele Luftmaschen häkelt, wie die Arbeit breiter werden soll. Dann macht man eine Wendeluftmasche und häkelt nach dem Wenden wie gewohnt weiter.

Innerhalb der Reihe abnehmen
Braucht man weniger Maschen, muß man abnehmen. Das geschieht innerhalb der Reihe, indem man eine Masche der Vorreihe überspringt, also nach der zuletzt gearbeiteten Masche in die übernächste einsticht.

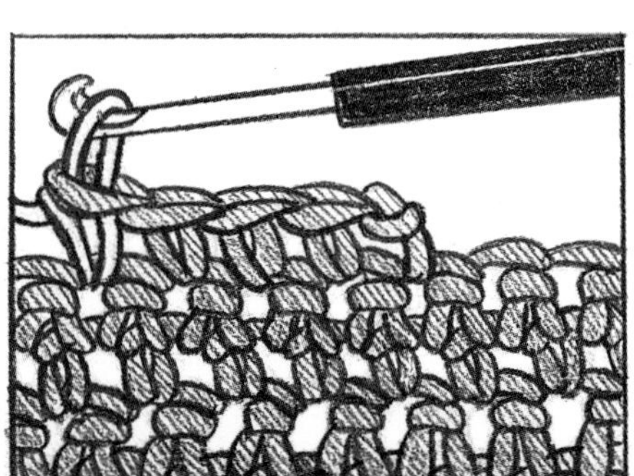

Am Rand abnehmen
Am Ende der Reihe nimmt man ab, indem man die neue Reihe nur so lang häkelt, wie sie benötigt wird. Dann wird die Häkelarbeit einfach gewendet.

Löwen-Schal und Handschuhe

Hier findest du die Arbeitsanleitung vom Modell auf Seite 33.

Löwen-Schal
Schlage für den Schal 100 Luftmaschen an und häkle 7 Reihen feste Maschen.
Schlage am Ende der siebenten Reihe 10 Luftmaschen an und häkle die ganze achte Reihe bis zum Ende feste Maschen.
Häkle in der neunten Reihe nur 10 Maschen, wende und häkle noch 3 Reihen in dieser Breite. Das ist die Stirn des Löwen.

Beine
Die Beine häkelst du direkt in die Maschen der unteren Reihe, also der Bauchseite des Löwen. Jedes Bein ist 5 Maschen breit und 5 Reihen lang. Probiere selbst aus, wo die Beine sitzen sollen. Auf der Zeichnung links ist das Mittelstück zwischen Vorder- und Hinterbeinen verkürzt gezeichnet, weil das Buch nicht groß genug ist.

Gesicht und Mähne
Sticke mit dunkler Wolle ein Gesicht auf und knüpfe mit einer Häkelnadel Wollfransen für Mähne, Schwanz und Krallen ein. Wie man knüpft, siehst du auf der Zeichnung links unten (Knüpfen siehe Seite 46).

Handschuhe
1. und 2. Reihe: Schlage für einen Handschuh 20 Luftmaschen an und häkle 2 Reihen.
3. bis 8. Reihe: Nimm am Ende der zweiten Reihe 3 Luftmaschen zu, häkle 5 Reihen.
9. Reihe: Nimm eine Masche ab, indem du vor der letzten Masche wendest. Du hast jetzt, wenn du es richtig gemacht hast, eine Reihe mit 20 Maschen zu häkeln. Am Ende der 9. Reihe arbeite eine Wendeluftmasche.
10. Reihe: Häkle 8 feste Maschen. Arbeite weiter mit 8 Luftmaschen.
11. Reihe: Wende und häkle die aus 15 Maschen bestehende Reihe zurück.
12. und 13. Reihe: Häkle noch zwei Reihen je 15 Maschen.
14. Reihe: Du nimmst am Ende eine Masche ab.
15. Reihe: Die 15. Reihe besteht jetzt aus 14 Maschen. Damit hast du die Handschuhmitte, die zugleich die Außenkante des Daumens ist, erreicht.
Häkle die zweite Handschuh-Hälfte in einem Zuge gegengleich weiter.

Gegengleich häkeln
Das heißt, wo bisher abgenommen wurde, mußt du nun zunehmen und außerdem rückwärts zählen: Reihe 12, 11, 10 usw.

Zusammennähen
Der fertige Handschuh wird doppelt gelegt und an den Kanten überwendlich zusammengenäht (siehe Zeichnung unten rechts). Ziehe zum Schluß durch den unteren Handschuh-Rand eine Luftmaschenkordel.

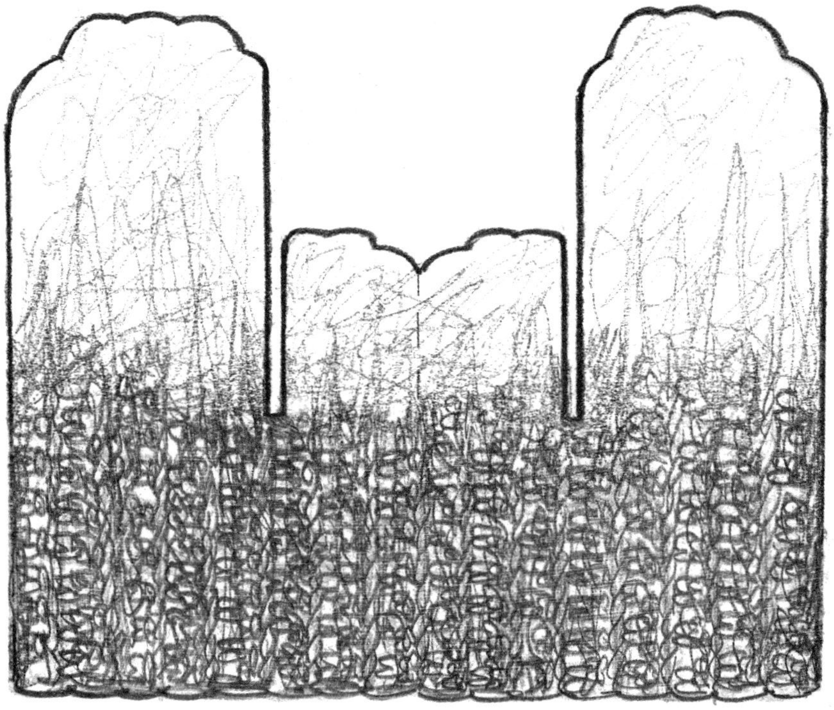

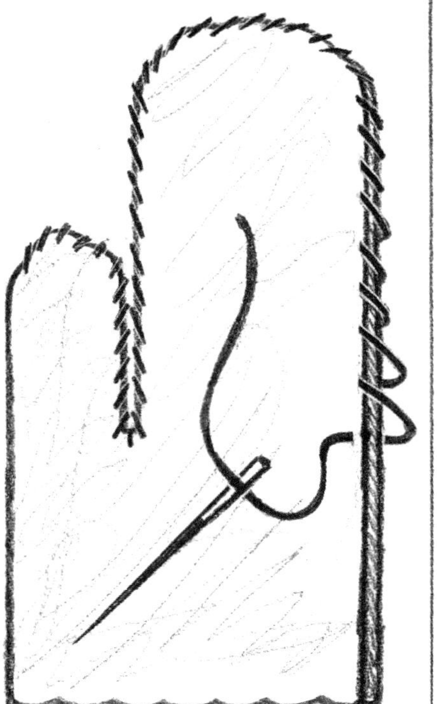

Rundherum häkeln

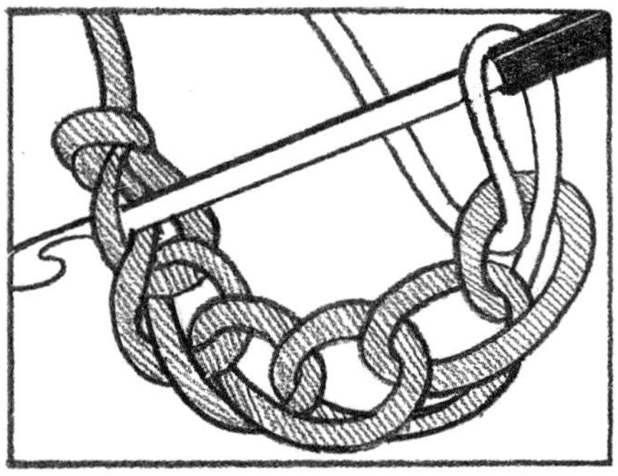

Luftmaschenring
Bisher hast du gelernt, wie man in Reihen hin und her häkelt. Hier siehst du, wie man in Runden arbeitet. Beginne wieder mit einigen Luftmaschen. Bei unserem Beispiel sind es sieben. Stich mit der Nadel zurück in die Anfangsluftmasche, die du zuerst gehäkelt hast.

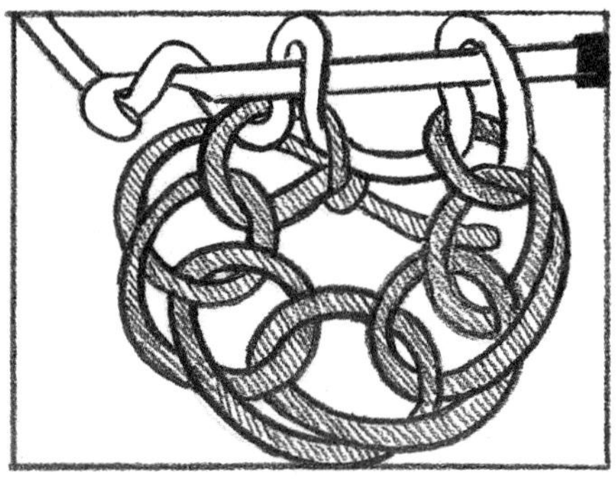

Den Ring schließen
Hole die Fadenschlinge durch und häkle eine feste Masche. Damit wird aus der Luftmaschenkette ein Luftmaschenring mit einem Loch in der Mitte. Je weniger Luftmaschen du zu Beginn machst, um so kleiner werden der Ring und auch das Loch in der Mitte. Am besten beginnst du deine Rundhäkeleien mit vier Luftmaschen. Wir haben sieben gezeichnet, damit du deutlich erkennen kannst, wie sich die Maschen bilden.

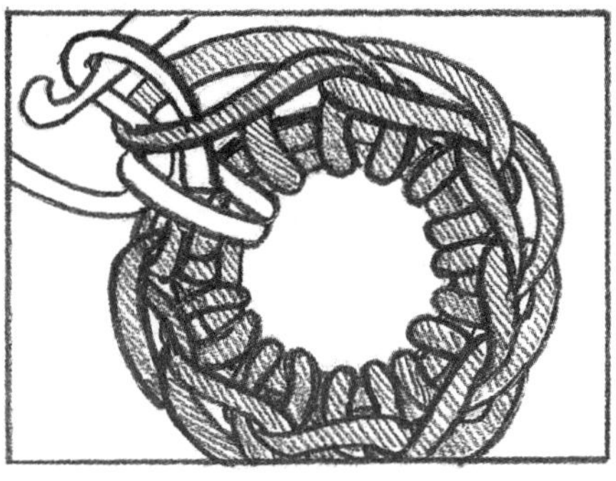

Die erste Runde
Arbeite anschließend feste Maschen, indem du immer durch das Loch in der Mitte stichst. Ist die ganze Reihe gefüllt, häkelst du mit festen Maschen weiter. Damit sich der entstehende Teller nicht wölbt, mußt du laufend zunehmen: Häkle in der ersten Runde in jede Masche der Vorrunde zwei feste Maschen. In der zweiten Runde nimmst du bei jeder zweiten Masche zu, in der dritten Runde bei jeder dritten Masche und so weiter. Wird der Teller wellig, nimmst du weniger zu, wölbt er sich, nimmst du häufiger zu.

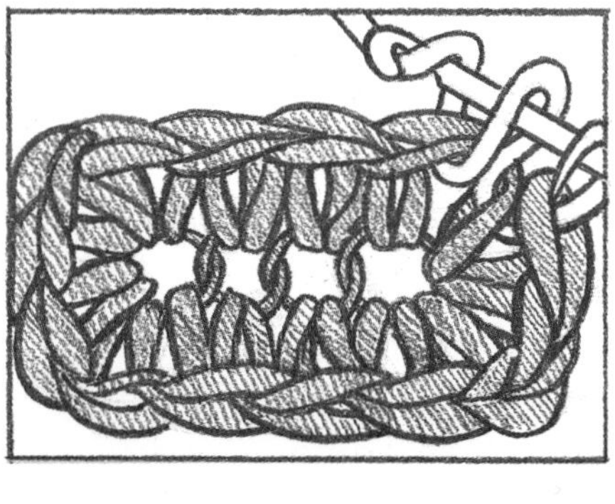

Oval häkeln
Soll deine Arbeit oval werden, häkelst du zuerst die Luftmaschenkette und die erste Reihe wie beim Häkeln in Reihen. Beginne mit fünf Luftmaschen. Je mehr Luftmaschen du am Anfang machst, um so länglicher wird das Oval. Nach der ersten Reihe wendest du nicht, sondern arbeitest um das Ende der Luftmaschenkette herum und auf der anderen Seite wieder zurück. In die Endmasche häkelst du drei feste Maschen, ebenso am anderen Ende, bevor du die neue Runde beginnst. Häkle rundherum weiter und arbeite jeweils in die mittlere Masche an den Enden drei feste Maschen.

Ohrenschützer

Auf den beiden Fotos rechts siehst du gehäkelte Bezüge für Ohrenschützer. Möchtest du auch welche machen?
Nimm die alten Bezüge ab und häkle in Runden zwei flache Teller, die zwei Runden größer als die Ohrenklappen sein müssen. Häkle für jeden Teller eine Kordel aus 40 Luftmaschen und ziehe sie durch die Randmaschen. Schneide oder forme für jede Klappe ein dickes Stück Polsterwatte in passender Größe und lege es auf die Klappe. Darüber kommt der Häkelteller. Ziehe die Randmaschen auf der Innenseite mit der Kordel zusammen, verknote die Enden und schiebe sie unter den Teller. Nun kannst du die Bezüge besticken oder mit einzeln gehäkelten kleineren Teilen ergänzen.

Eisbär-Tasche
Schlage für das Vorderteil der Tasche 21 Luftmaschen an, häkle 4 Reihen feste Maschen. Wende in der 5. Reihe nach der 15. Masche und häkle 10 Reihen in dieser Breite. Am Ende der 15. Reihe schlägst du 6 Luftmaschen an und arbeitest in dieser Breite 4 Reihen. Häkle das Rückenteil genauso.
Für die Klappe schlägst du 5 Luftmaschen an und häkelst ein Oval, das aus 7 Runden besteht. Nähe ein Ende des Ovals am hinteren Taschenteil fest und schlage es nach vorn um. Mit den Knöpfen für Augen und Nase, die du vorn auf die Tasche (nicht die Klappe) nähst, wird die Klappe zugeknöpft. Häkle kleine Teile für Ohren und Zunge und nähe sie an. Das Schulterband wird mit Luftmaschen aus doppeltem Faden gehäkelt und an den oberen Taschenecken festgenäht.

Sonne
Sie hat eingeknüpfte Strahlen (Knüpfen siehe Seite 44).

Schweinchen
Bei den Schweineohren mußt du je Ohr 6 Luftmaschen häkeln und dann am Anfang jeder Reihe die zweite Masche überspringen, bis nur noch eine übrig ist. Die Schnauze besteht aus einem winzigen Häkelteller, bei dem in der letzten Reihe nicht zugenommen wird.

Clown
Der Clown hat ein gesticktes Gesicht und eingeknotete Haare.

Pikots und Luftmaschenbögen

Pikots (sprich: Pikoos) sind Randzacken. Man häkelt 3 Luftmaschen (a), sticht in die zuerst gemachte Luftmasche zurück (b) und holt den Faden durch beide Schlingen. Dann häkelt man in die übernächste Masche der Vorreihe eine feste Masche. Es folgen wieder 3 Luftmaschen.

Randverzierung
Bögen aus Luftmaschen werden oft als Randverzierung gehäkelt. Man häkelt 3 Luftmaschen am Reihenbeginn, übergeht die 2. feste Masche der Vorreihe und arbeitet in die 3. eine feste Masche. Dann häkelt man abwechselnd weiter: 3 Luftmaschen und jeweils in die übernächste Masche der Vorreihe eine feste Masche.

Netzwerk
Man kann aber auch ein ganzes Netz aus Luftmaschenbögen häkeln. Dann beginnt man mit einer Luftmaschenkette, sticht am Ende der Reihe in die 6. Luftmasche zurück und häkelt eine feste Masche.

Die folgenden Luftmaschenbögen bestehen aus 4 Luftmaschen. Dabei werden 2 Maschen der ersten Luftmaschenreihe übersprungen, und erst in die 3. Masche wird eingestochen und eine feste Masche gehäkelt.
Bei den folgenden Reihen häkelt man die feste Masche um die Mitte des Bogens der Vorreihe.

Einkaufsnetz
Es wird in Runden gearbeitet: Häkle einen handgroßen Teller (siehe Seite 40) aus festen Maschen. Arbeite bei den Luftmaschenbögen weiter wie oben bei Netzwerk beschrieben. Ziehe zum Schluß eine Luftmaschenkordel durch den Rand.

Topflappen

Früher mußten alle Mädchen in der Schule Topflappen häkeln, quadratisch, aus weißer Baumwolle mit farbigem Rand. Langweilig sowas! Topflappen können viel lustiger aussehen. Das Foto unten zeigt einige Beispiele.

Haus
Häkle mit Grün 21 Luftmaschen und anschließend 3 Reihen feste Maschen. Fahre mit Weiß fort und häkle 18 Reihen.
Für das Dach weiter mit Rot: 9 Reihen feste Maschen, dabei am Ende jeder Reihe die vorletzte Masche der Vorreihe überspringen (Abnehmen siehe Seite 38). Häkle in die Mittelmaschen des Daches in Weiß 4 feste Maschen, 4 Reihen hoch, dann einen Bogen aus 6 Luftmaschen. Sticke mit Rot Tür und Fenster.

Kopf
Beginne an der Kinnspitze mit 8 Luftmaschen in Rosa. Häkle 10 Reihen feste Maschen und nimm in der Mitte jeder Reihe eine Masche zu (Zunehmen siehe Seite 38). Häkle dann eine Reihe ohne Zunahme und danach 8 Reihen, bei denen du in der Mitte jeder Reihe eine Masche der Vorreihe überspringst. Du nimmst also die bisher zugenommenen Maschen wieder ab. Häkle die 9. Reihe ohne Abnahme und nimm in der 10. Reihe noch einmal in der Mitte eine Masche ab.
Die Haare häkelst du mit festen Maschen in die Maschen des Oberkopfes, etwa von Ohr zu Ohr. Danach zwei Reihen Luftmaschenbögen. Häkle aus 15 Luftmaschen einen Aufhänger in die Kopfmitte und sticke das Gesicht auf.

Kunterbunt
Diesen Topflappen kannst du aus Resten häkeln. Beginne mit 22 Luftmaschen und arbeite feste Maschen im Rippenmuster (siehe Seite 36). Um den Rand des fertigen Topflappens häkelst du 2 Runden Pikots (siehe Seite 42, Zeichnungen a und b).

Sichtblenden

Die kleinen Figuren auf dem Foto unten rechts sind Schutz gegen Schlüssellochgucker. Man hängt sie innen an den Türgriff.

Zwerg
Häkle den Kopf mit Rosa in 4 Runden. Arbeite mit Rot 13 feste Maschen in 13 Maschen der Vorrunde.
2. Reihe: Wende und überspringe bei der nun folgenden Reihe die 7. Masche.
3. Reihe: ohne Abnahme häkeln.
4. Reihe: die 4. und 9. Masche der Vorreihe überspringen.
5. Reihe: 4. und 7. Masche überspringen.
6. Reihe: ohne Abnahme häkeln.
7. Reihe: 3. und 6. Masche überspringen.
8. Reihe: ohne Abnahme häkeln.
9. Reihe: 2. und 5. Masche überspringen.
10. Reihe: ohne Abnahme.
11. Reihe: 2. Masche überspringen.
12. Reihe: 2. Masche überspringen, am Schluß 15 Luftmaschen für den Aufhänger häkeln. Faden abschneiden, ganz durchziehen und am Mützenzipfel gut festnähen.
In die Kinnreihe mit Weiß 13 feste Maschen häkeln, wenden, und bei der folgenden Reihe in jede Masche der Vorreihe 2 Maschen häkeln. Wenden, und die letzte Reihe ohne Zunahme arbeiten.
Gesicht sticken, Schnurrbart und Haare einknoten.

Engel
Häkle 5 Runden in Rosa für den Kopf. Sticke das Gesicht auf und nähe Haare aus Wollfäden an. Überlege selbst, wie du Flügel und Schulterteil häkeln könntest.

Knüpfen

Unter Knüpfen versteht man das Einknoten kleiner Fadenabschnitte mit Hilfe einer Häkelnadel in einen Grundstoff. Dieser Stoff muß so lockere Querfäden haben, daß man unter ihnen die Häkelnadel hindurchschieben und eine Fadenschlinge holen kann. Man knüpft stets in Reihen, wobei man bei der unteren Reihe links beginnt.

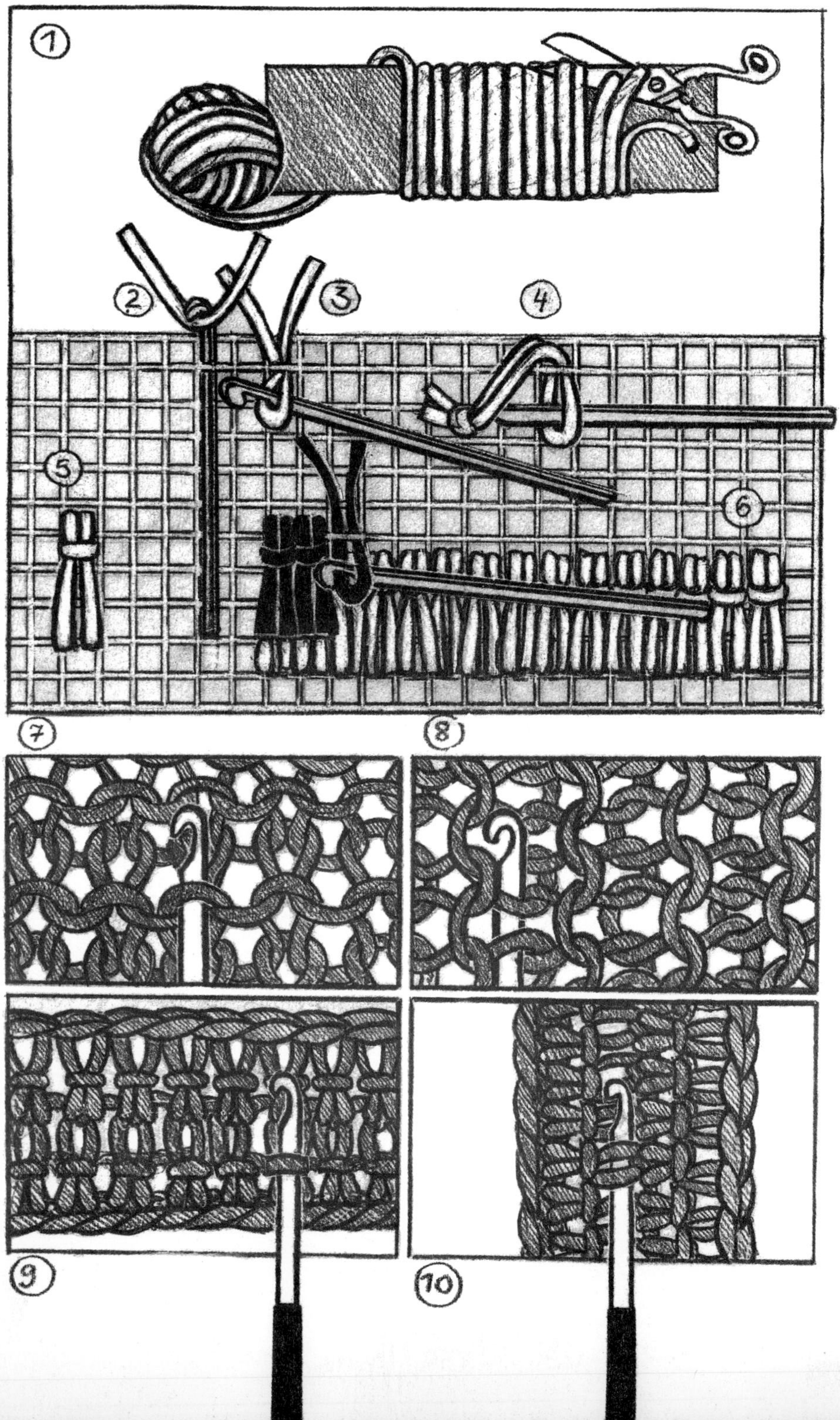

Fäden zuschneiden
1. Wickle um einen langen Pappstreifen dichte Wollfäden und schneide die Windungen an einer Kante auf.

Faden holen
2. Schiebe unter einen Gewebe-Querfaden in Aufwärtsrichtung eine Häkelnadel und lege einen Fadenabschnitt in den Haken.

Schlinge zurückziehen
3. Ziehe Faden und Haken nach unten zurück. Die Enden des Fadens nicht mit durchziehen.

Enden durchziehen
4. Fasse die Enden mit den Fingerspitzen, lege sie um den Häkelhaken und ziehe sie durch die auf der Nadel befindliche Fadenschlinge.

Knoten
5. Das ist der fertige Knoten.

Reihen
6. Arbeite fortlaufend in waagerechten Reihen von links nach rechts.

In Gestrick knüpfen
7. Bei Gestrick mit waagerechten Reihen knüpfst du durch die Maschen.
8. Bei Gestrick mit senkrecht verlaufenden Reihen knüpfst du durch die zwischen den Reihen verlaufenden Maschenglieder.

In Häkelgrund knüpfen
9. So knüpfst du in Häkelgrund mit waagerechten Reihen,
10. und so in Gehäkeltes mit senkrechten Reihen.

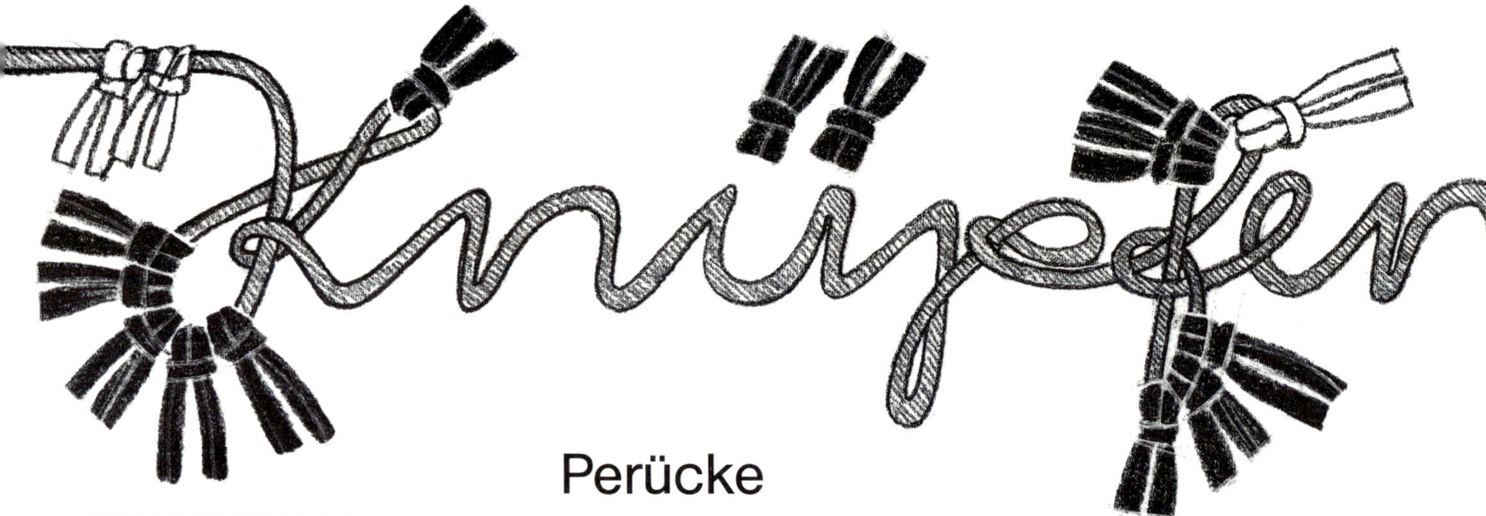

Perücke

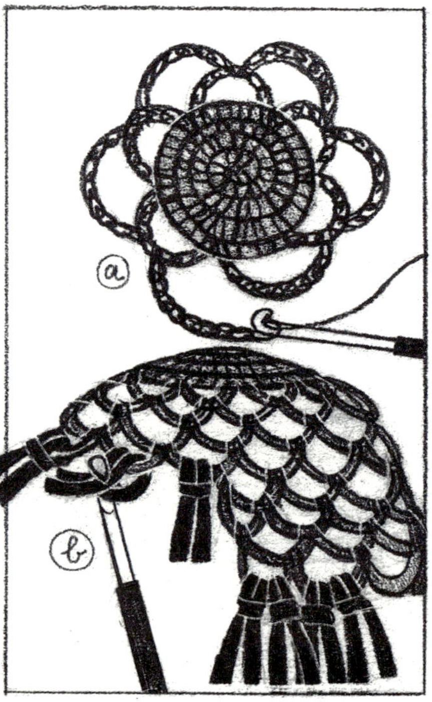

Sicher hat dir die lustige Clownperücke von der vorigen Seite gefallen. Für das nächste Fest kannst du dir auch eine machen.

Kopfhaube häkeln
Häkle zuerst mit grober Nadel und dickem Garn ein etwa handtellergroßes kreisrundes Stück (siehe Seite 40). Arbeite danach eine Runde aus Maschenbögen (siehe Seite 42), indem du immer mit einem Bogen aus 4 Luftmaschen 2 feste Maschen der Vorrunde überspringst (siehe Zeichnung a). Häkle in der nächsten Runde Bögen aus jeweils 5 Luftmaschen und greife mit jeder festen Masche um einen Bogen der Vorrunde. Häkle anschließend noch eine solche Runde. Von jetzt an häkelst du Bögen aus jeweils 5 Luftmaschen, wendest aber bereits nach der halben Runde. Du häkelst also Hin- und Rückreihen, bis das Grundnetz am unteren Rand bis zu deinen Ohrläppchen reicht.

Haare einknüpfen
Nun brauchst du nur noch um alle Bögen ganz dicht die Haare aus Wollabschnitten einzuknüpfen (siehe Zeichnung b). Danach bekommt die Perücke einen schönen Haarschnitt. Damit die Perücke besser auf dem Kopf hält, bändige deine eigenen Haare mit dem abgeschnittenen Beinling eines Strumpfes. Daran befestigst du die Perücke mit Haarklemmen.

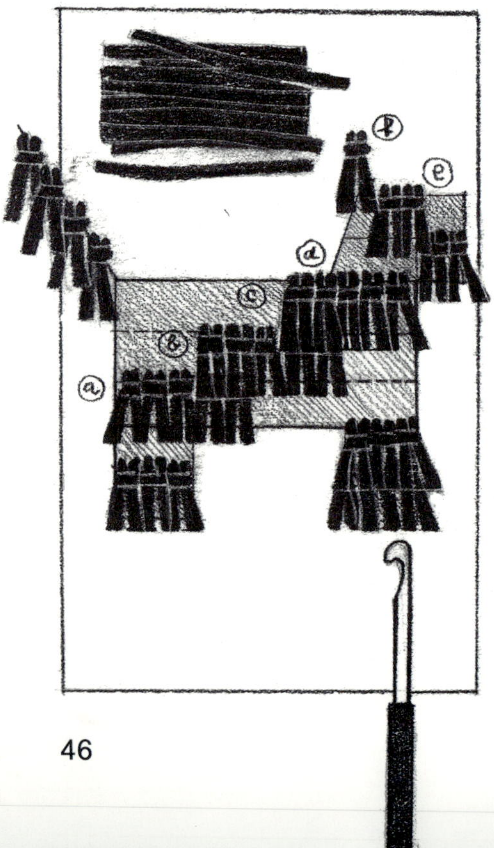

Wachhund

Deinen Wachhund hast du immer dabei, wenn du ihn vorn in deinen Pulli einknüpfst. Du kannst natürlich auch einen Schal als Knüpfgrund nehmen. Auf der Zeichnung links siehst du, in welcher Reihenfolge du am besten vorgehst und wie die Form entsteht. Schwanz und Beine knüpfst du zum Schluß ein, dann erkennst du die Proportionen besser. Achte darauf, daß die eingeknüpfte Wolle locker ist und leichter als dein Pulli.

Kuscheltier

Bevor dieses niedliche, weiche Lämmchen geknüpft werden kann, muß man es erst einmal häkeln. Die Form siehst du unten auf der Zeichnung.

Körper häkeln
Nimm dicke, weiche Wolle und eine Häkelnadel Nr. 6. Mache 6 Luftmaschen und häkle 3 Reihen in dieser Länge (Häkeln siehe Seite 32 bis 43). Schlage am Ende der 3. Reihe 20 Luftmaschen an, wende und häkle 7 Reihen. In der 8. Reihe wendest du 4 Maschen eher, so daß eine kürzere Reihe entsteht. Häkle in dieser Länge 27 Reihen und schlage am Ende der 28. Reihe 5 Luftmaschen an. Häkle 7 lange Reihen.

Kopf
Häkle in der folgenden Reihe 12 Maschen und wende dann. Häkle 2 weitere Reihen in dieser Kürze. Nimm allmählich an beiden Reihenenden ab (wende eine Masche eher), so entsteht die Kopfform.
Häkle das Ohr aus 4 Reihen je 7 Maschen und nimm auch hier allmählich an beiden Seiten ab. Häkle die zweite Körperhälfte.

Körper zusammennähen
Nähe die Körperhälften an den Kanten zusammen und stopfe das Tier durch einen Schlitz mit Wollresten aus. Schließe den Schlitz und nähe die Ohren an. Sticke ein freundliches Maul und nähe Perlen als Augen auf.

Fellhaare einknüpfen
Nun mußt du aus Wollfäden die Haare zum Einknüpfen vorbereiten. Wickle die Wolle um einen Pappstreifen und schneide sie auf. Dann knüpfe die Fäden ein (siehe Seite 44, Nr. 10). Schwanz, Beine, Kopf und Ohren bekommen keine Fransen.

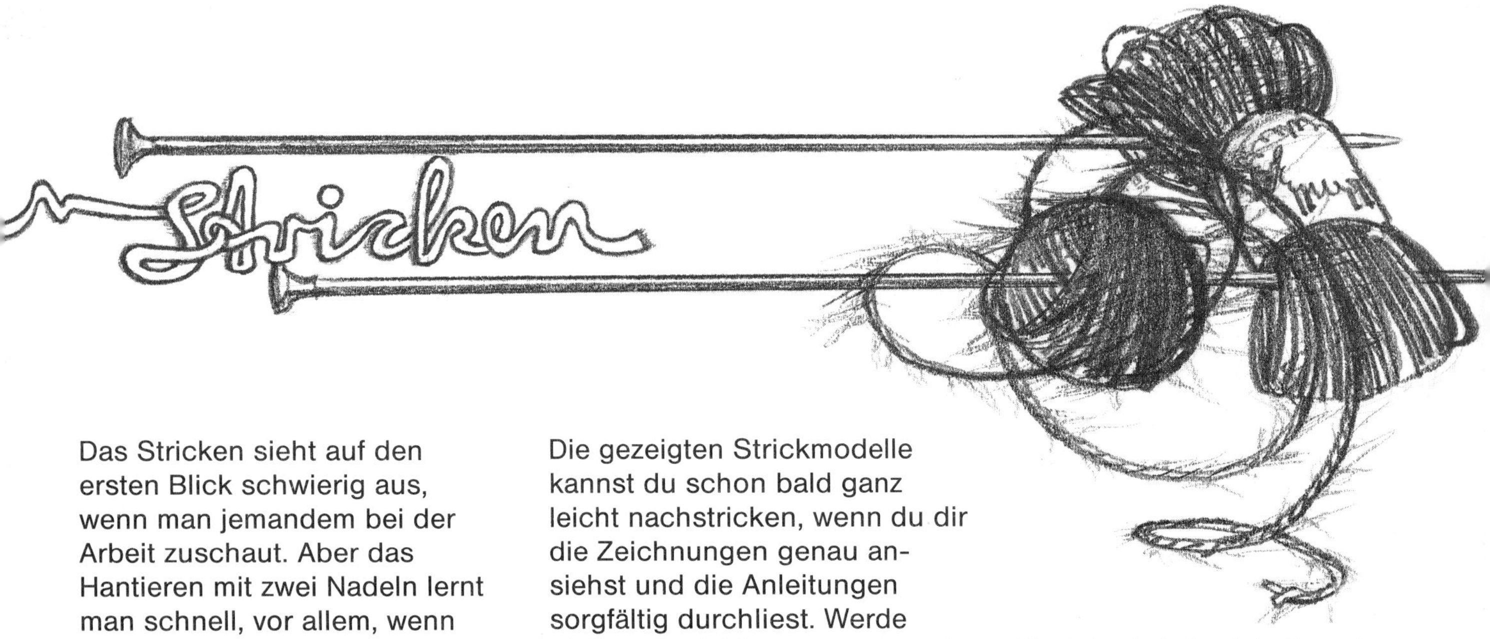

Stricken

Das Stricken sieht auf den ersten Blick schwierig aus, wenn man jemandem bei der Arbeit zuschaut. Aber das Hantieren mit zwei Nadeln lernt man schnell, vor allem, wenn man mit einer einfachen Arbeit anfängt.

Maschenanschlag
Jede Strickarbeit beginnt mit dem Maschenanschlag; das ist eine Maschenreihe, die man auf einer Nadel sammelt, um sie mit einer zweiten Nadel abzustricken. Es gibt verschiedene Arten des Maschenanschlags. Die beiden einfachsten Methoden findest du auf den folgenden Seiten. Die eine Methode ist der Schlingen-Anschlag, die zweite geht von einer gehäkelten Luftmaschenkette aus.

Die gezeigten Strickmodelle kannst du schon bald ganz leicht nachstricken, wenn du dir die Zeichnungen genau ansiehst und die Anleitungen sorgfältig durchliest. Werde nicht ungeduldig, wenn einmal etwas nicht gleich klappt.

Stricknadeln
Will man lange Reihen mit vielen Maschen stricken, nimmt man Nadeln, die am Ende einen Kopf haben. So können die Maschen, die man vorn abgestrickt hat, nicht hinten herunterrutschen. Für Arbeiten mit weniger Maschen kann man kurze Nadeln nehmen, die an beiden Enden spitz sind.
Wichtig ist das richtige Verhältnis zwischen Garn- und Nadelstärke. Strickt man dünnes Garn mit einer sehr dicken Nadel, wird die Arbeit großmaschig, also löcherig und lappig, wie unten links etwas übertrieben dargestellt.
Macht man es umgekehrt, nimmt also für dickes Garn zu feine Nadeln, wird das Gestrick engmaschig und steif wie ein Brett – du siehst es unten in der Mitte.
Sind Garn und Nadeln ungefähr gleich dick, wird das Gestrick genau richtig, wie unten rechts zu sehen.
Hast du Zweifel, nimm eher etwas dickere Nadeln, denn als Anfänger strickt man meistens sehr fest.

Schlingen-Anschlag

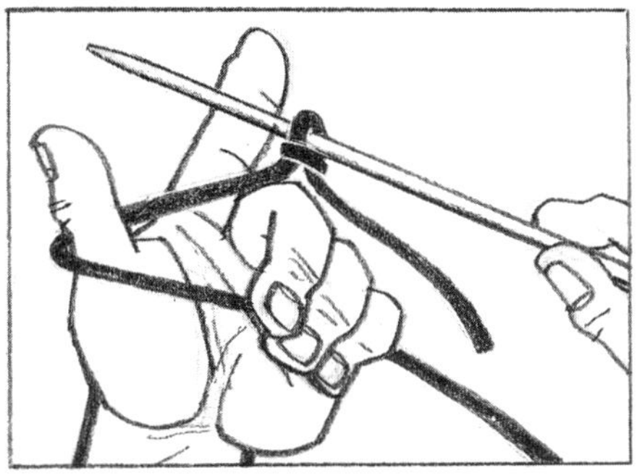

Anfangsschlinge
Auf den Zeichnungen ganz oben siehst du den Anfang: Der Faden wird zu einer Brezel gelegt, die Nadel unter einem Fadenstück innerhalb der Brezel hindurchgeschoben und die Brezel durch Ziehen an beiden Fäden zu einer Schlinge festgezogen.
Weiter geht es wie links abgebildet: Du nimmst die Stricknadel mit der Anfangsschlinge in die rechte Hand. Der Arbeitsfaden – das ist immer der, der vom Knäuel kommt – wird innen am gestreckten Zeigefinger der linken Hand vorbei um den gestreckten Daumen herumgeführt und in der Handinnenfläche mit drei Fingern umfaßt.

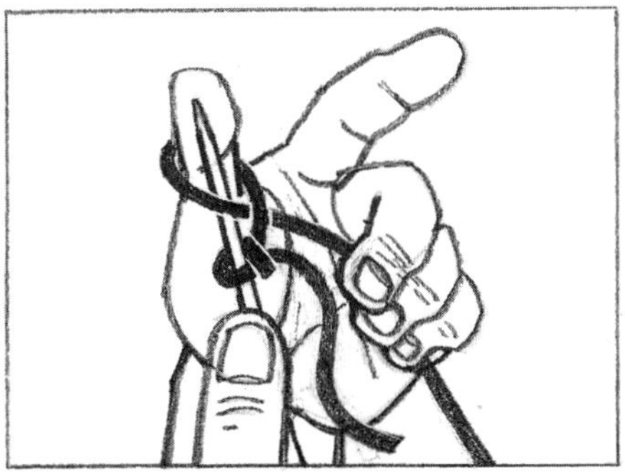

Faden aufnehmen
Mit der Nadel, auf der die Anfangsschlinge sitzt, sticht man von unten aufwärts durch die Fadenschlinge am Daumen. Es ist im Augenblick noch nicht so wichtig, wie du die Stricknadel anfaßt. Am besten arbeitet man, wenn man sie von oben mit vier Fingern von der einen und mit dem Daumen von der anderen Seite greift wie ein Tischmesser. Dabei kann man den Zeigefinger zum besseren Halt etwas vorstrecken.

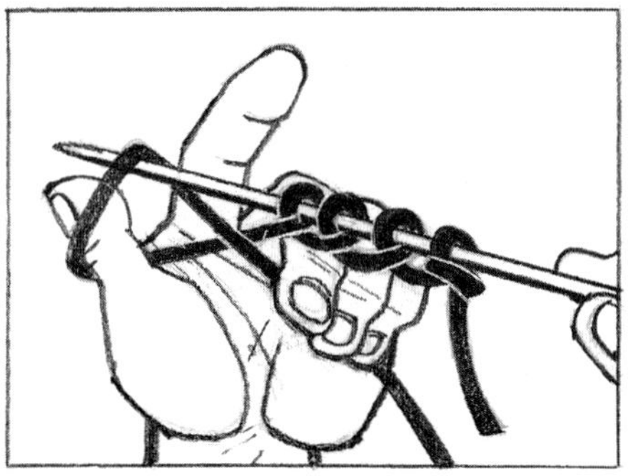

Daumen aus der Schlinge ziehen
Die Fadenschlinge wird mit der Stricknadel angehoben, und der Daumen wird herausgezogen. Dadurch bildet sich eine Fadenschlinge auf der Nadel. Damit du siehst, wie die Schlingen aussehen, sind auf der Zeichnung gleich mehrere gezeigt.

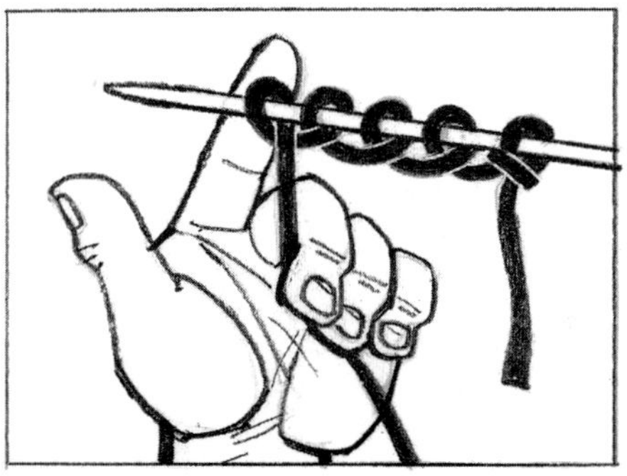

Schlinge festziehen
Den Faden, den du mit den drei Fingern in der Innenhand hältst, ziehst du nach jeder Schlinge stramm, ohne ihn loszulassen. Für jede neue Schlinge muß der Arbeitsfaden wieder außen um den gestreckten Daumen herumlaufen, wie zu Beginn erklärt. Dazu brauchst du den Daumen nur hinter den gestrafften Faden zu schieben, der zwischen Arbeit und Innenhand verläuft, und den Faden nachzuziehen. Die drei Haltefinger lockerst du dabei ein wenig. So arbeitest du fortlaufend weiter.

Anschlag aus einer Luftmaschenkette

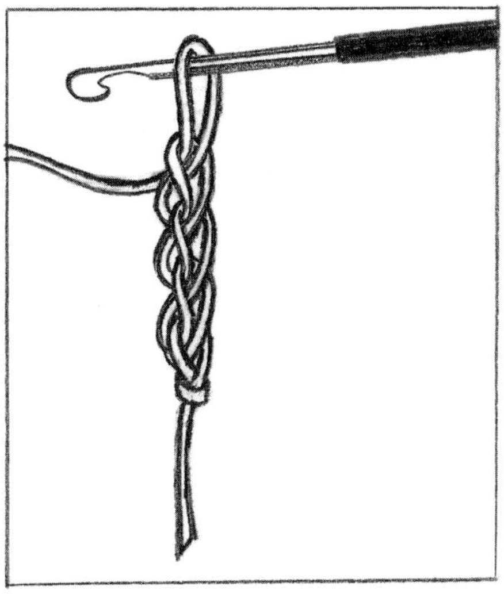

Einen doppelmaschigen und festeren unteren Rand erreicht man mit Hilfe einer Luftmaschenkette, die mit einer Häkelnadel gearbeitet wird (Häkeln siehe Seite 34). Da die Luftmaschen mit einer Stricknadel aufgenommen werden sollen, dürfen sie nicht zu fest gearbeitet sein. Nimm deshalb lieber eine Häkelnadel, die dicker als deine Stricknadeln ist. Wenn du eine zu dünne Häkelnadel hast, mußt du entsprechend locker häkeln. Ist deine Häkelnadel zu dick, ziehst du den Arbeitsfaden nach jeder Masche fest an.
Es gibt zwei verschiedene Methoden, Maschen aus einer Luftmaschenkette aufzunehmen: das Auffassen und das Durchholen.

Schlingen auffassen
Ist die Luftmaschenkette so lang, daß sie genauso viele Maschen hat, wie man stricken möchte, zieht man die letzte Schlinge etwas länger, damit sie sich nicht auflöst. Dann nimmt man die Luftmaschenkette so in die Hand, daß die Schlinge nach links, der Anfangsknoten nach rechts zeigt.

Mit einer Stricknadel faßt man alle Schlingen einzeln auf, indem man von vorn nach hinten durch jede Masche fährt. Achtung: Nicht unter den Maschen hindurchstechen! Auf der vergrößerten Zeichnung siehst du, wie die aufgefaßte Maschenreihe aussehen muß.

Schlingen durchholen
Nimm die Luftmaschenkette so in die Hand, daß der Anfangsknoten in deiner Hand liegt und die zuletzt gehäkelte Schlinge mit der Stricknadel von rechts aufgefaßt werden kann. Den Arbeitsfaden windest du einmal um den gestreckten Zeigefinger der linken Hand und läßt ihn durch die Handinnenfläche laufen.

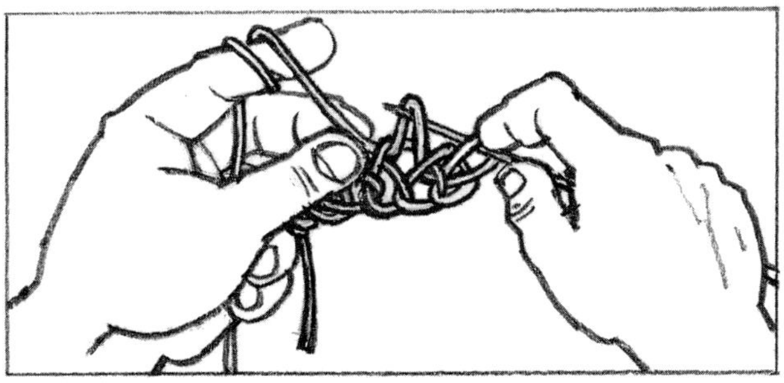

Zur Maschenbildung stichst du von vorn nach hinten mit der Stricknadel durch jedes Maschenglied und holst den Arbeitsfaden als Schlinge durch. Die Zeichnung zeigt den fertigen Anschlag.

Maschen abstricken

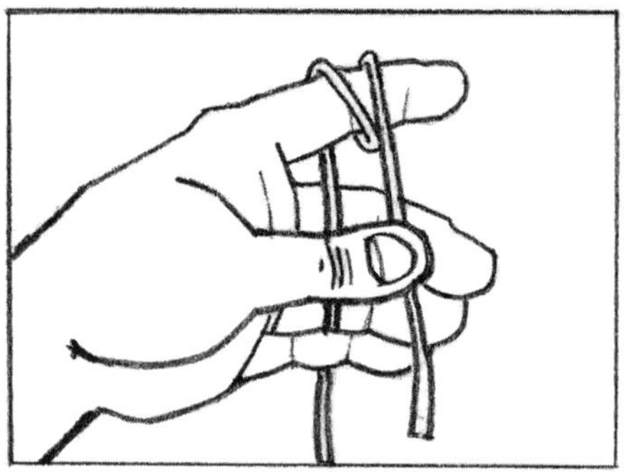

Fadenführung
Fadenführung und Handhaltung sind beim Stricken wichtig, um immer die richtige Fadenspannung, also das gleichmäßige Anziehen des Fadens zu erreichen, vor allem aber, um auch längere Zeit ohne Verkrampfung arbeiten zu können. Links siehst du, wie der Arbeitsfaden verläuft: Das von der Arbeit kommende Stück – hier im Vordergrund abgeschnitten – wird um den ausgestreckten Zeigefinger gewunden, verläuft in der Handinnenfläche und zwischen Ringfinger und kleinem Finger nach außen zum Knäuel.

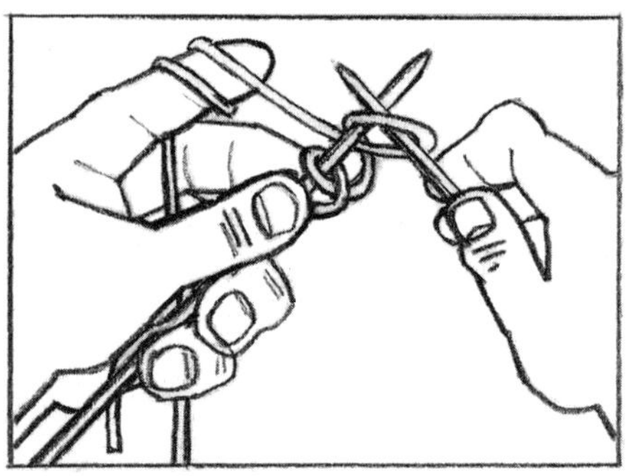

Handhaltung
Auf dieser Zeichnung kannst du erkennen, wie man die ganze Arbeit hält. Die Nadel mit dem Maschenanschlag befindet sich in der linken Hand, die auch den Faden führt. Mit der rechten Nadel strickt man Maschen ab. Die erste Masche jeder Reihe wird stets abgehoben, man nennt sie Randmasche. Hast du zuvor einen Schlingen-Anschlag gearbeitet (siehe Seite 50), stichst du nun mit der rechten Nadel von vorn nach hinten in die zuletzt gemachte Schlinge.

Schlinge abheben
Hebe die mit der Stricknadel aufgefaßte Masche so über die Spitze der linken Nadel, daß sie nun auf der rechten Nadel sitzt. Die vergrößerte Zeichnung zeigt deutlich, daß die erste abgehobene Masche nur eine verdrehte Fadenschlinge ist. Sie ist aber sehr wichtig. Achte darauf, daß sie dir nicht von der Nadel gleitet.
Damit die anderen Maschen nicht versehentlich auch von der Nadel rutschen, hältst du sie mit Daumen und Mittelfinger der linken Hand fest und schiebst später beim Weiterstricken immer nur eine Masche vor.

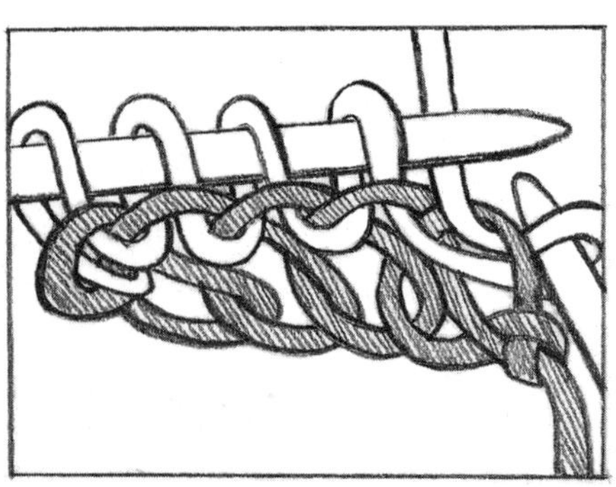

Anfangsmasche abheben
Hast du den Anschlag mit Hilfe einer Luftmaschenkette gebildet, wird die Randmasche ebenfalls durch Einstechen von vorn nach hinten abgehoben. Der Arbeitsfaden hängt hier jedoch noch vor der Arbeit. Erst wenn die Randmasche auf der rechten Nadel sitzt, wird der Faden zwischen dieser und den Maschen der linken Nadel nach hinten gelegt und um den linken Zeigefinger geschlungen. Die Zeichnung zeigt den zwischen den Maschen nach hinten gelegten Arbeitsfaden.

In die Masche einstechen
Damit du die Maschenbildung beim Abstricken besser verfolgen kannst, haben wir bei den folgenden Zeichnungen die Hände weggelassen. Du weißt ja inzwischen, wie man Nadeln und Faden hält.
Zum Abstricken stichst du mit der rechten Nadel von vorn nach hinten durch die nächstliegende Masche der linken Nadel und weitest sie ein wenig. Halte die Arbeit nicht zu fest, sonst ermüden deine Hände schnell.

Faden durchholen
Hole mit der rechten Nadel den vom Zeigefinger kommenden Arbeitsfaden als Schlinge nach vorn durch die Masche. Halte dabei die übrigen Maschen mit Daumen und Mittelfinger zurück. Arbeite ruhig und lasse dir Zeit. Die Schnelligkeit kommt von selbst, wenn du die Grundtechnik beherrschst. Manchmal fällt einem die Arbeit leichter, wenn man sich die einzelnen Abschnitte laut vorliest.

Masche bilden
Lasse nun die Masche, durch die du die Schlinge geholt hast, über die Spitze der linken Nadel gleiten. Auf der rechten Nadel hat sich eine neue Masche gebildet. Arbeite auf diese Weise Masche für Masche weiter: von vorn nach hinten einstechen, Faden als Schlinge durchholen, Masche von der linken Nadel gleiten lassen. Ist die Reihe abgestrickt, nimmst du die volle rechte Nadel so in die linke Hand, daß der Arbeitsfaden an der Spitze ist, hebst die Randmasche ab und strickst weiter wie bisher.

Randmasche überheben
Ist das Gestrick lang genug, kann man nicht einfach die Nadel herausziehen, sondern die Maschen der letzten Reihe müssen einzeln von der Nadel genommen werden. Diesen Vorgang nennt man Abketten. Dazu wird die Randmasche abgehoben und die folgende Masche abgestrickt. Dann faßt man mit der linken Nadel, vorbei an der zuletzt gestrickten Masche, die Randmasche auf und hebt sie über die gestrickte Masche und die rechte Nadelspitze.

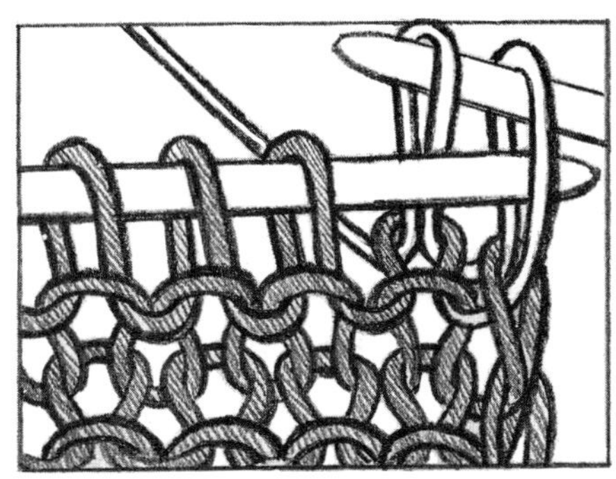

Letzte Reihe abketten
Die nächste Masche wird von der linken Nadel abgestrickt. Dann hebt man von der rechten Nadel die hintere der beiden Maschen über die davorliegende Masche und über die Nadelspitze. So kettet man alle Maschen ab. Zum Schluß schneidet man den Arbeitsfaden ungefähr 8 Zentimeter lang ab, zieht ihn durch die letzte Masche und verstopft ihn im Gestrick. Auch der Anfangsfaden muß verstopft werden. Hast du während der Arbeit eine Masche verloren, mußt du sie wieder aufheben. Auf Seite 61 steht, wie man das macht.

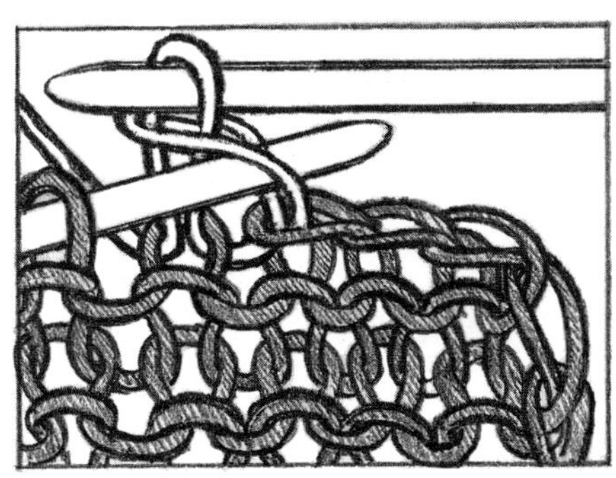

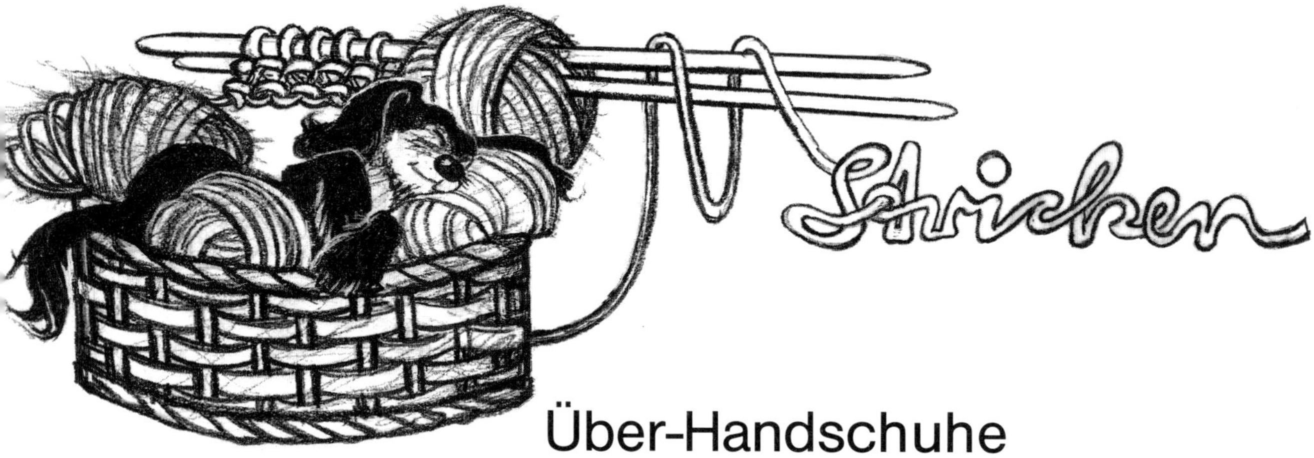

Über-Handschuhe

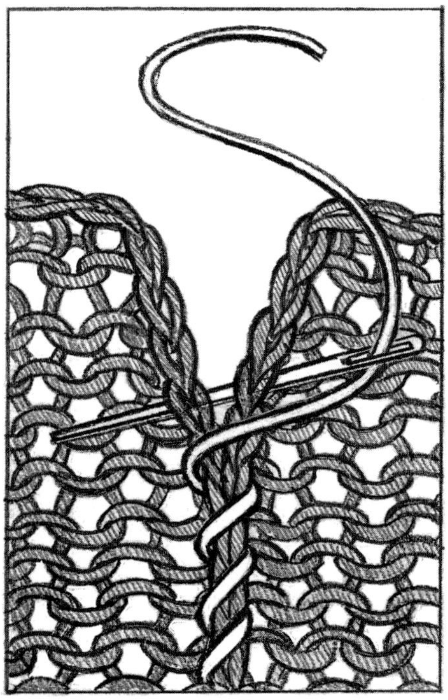

Über-Handschuhe sind einfach zu stricken. Sie sehen lustig aus und wärmen außerdem noch. Du brauchst für ein Paar einen Rest Wolle, Wollgemisch oder Synthetik. Baumwolle und Kunstseide wärmen nicht genug. Nimm dazu zwei in der Stärke passende Stricknadeln, lieber etwas zu dick als zu dünn, und eine dicke Stopfnadel.

Blaumelierte Über-Handschuhe
Für einen Handschuh schlägt man 22 – 24 Maschen an und strickt so viele Reihen, bis der Handschuh lang genug ist. Dann kettet man die letzte Reihe ab und schneidet den vom Knäuel kommenden Faden so lang ab, daß man damit den Handschuh gleich zusammennähen kann. Dazu werden die Seitenkanten nebeneinander gelegt und mit überwendlichen Stichen so zusammengenäht, wie auf den Zeichnungen links oben zu sehen. In der Naht läßt man einen kleinen Schlitz für den Daumen offen (siehe Zeichnung links unten).
Bevor du die Handschuhe nacharbeitest, solltest du Maß nehmen, denn sie müssen ja gut passen. Du häkelst zuerst eine Luftmaschenkette und legst sie locker um deine Hand. Sie muß, ohne daß du sie dehnst, genau herumreichen. Dann kannst du, wie auf Seite 51 gezeigt, mit Stricknadeln weiterarbeiten. Die Länge probierst du während der Arbeit aus. Hier ein kleiner Anhaltspunkt: Zwei Drittel des Überhandschuhs sollten unterhalb des Daumenschlitzes, ein Drittel sollte darüber liegen.

Geringelte und gestreifte Über-Handschuhe
Diese Über-Handschuhe wurden zweifarbig gearbeitet (siehe Foto rechts unten). Hier waren Garn und Nadeln etwas dünner als bei den blaumelierten Modellen. Bei Arbeiten mit regelmäßigem Farbwechsel wie hier – immer vier Reihen weiß und zwei Reihen rosa – schneidet man den ruhenden Faden zwischendurch nicht ab, sondern läßt ihn einfach am Rand hängen, bis er wieder gebraucht wird.
Bei dem quergestrickten Ringel-Handschuh wurden die Seitenränder wie beschrieben zusammengenäht.
Der gestreifte Handschuh wird genauso gestrickt, jedoch näht man zum Schluß Ober- und Unterkante, also Anschlagreihe und abgekettete Reihe zusammen. Hier muß man für den Maschenanschlag zu Beginn der Arbeit nicht den Handumfang messen, sondern die vorgesehene Länge. Man strickt dann so viele Reihen, bis das Gestrick um die Hand herumpaßt.
Über-Handschuhe sind ein hübsches Geschenk für Freundinnen und Geschwister. Man kann für diese Strickarbeit gut Garnreste verwenden. Sie sollten möglichst gleich dick sein.

Stricken

Mütze und Hausschuhe

Diese beiden Arbeiten sind ganz leicht auszuführen. Die Mütze strickt man am besten mit mittelstarken langen Stricknadeln, die am Ende einen Kopf haben, damit die Maschen hinten nicht herunterrutschen. Mit einem Faden mißt man den Kopfumfang und schlägt eine entsprechend lange Maschenreihe an. Dabei ist es ganz egal, welche Methode du anwendest. Stricke nun so viele Reihen hin und her, bis die Mütze hoch genug ist. Bedenke dabei, daß sie am Rand aufgerollt wird. Kette dann die letzte Reihe ab und nähe die seitlichen Ränder überwendlich zusammen (siehe Zeichnung 1).
Fasse mit einer dicken Stopfnadel und doppeltem Faden die oberen Randmaschen auf, ziehe damit die Mütze zusammen und verknote Fadenanfang und -ende gut (siehe Zeichnung 2).

Hausschuhe
Für die Hausschuhe schlage zwanzig Maschen an und stricke so viele Reihen, wie dein Fuß lang ist. Lege das Gestrick in Längsrichtung doppelt und nähe zuerst die Ferse, dann den Vorderschuh oben zusammen (siehe Zeichnung 3).
Ziehe die Schuhspitze mit doppeltem Faden zusammen (siehe Zeichnung 4) und vernähe den Faden gut.
Häkle für die Ohren kleine, runde Teile (siehe Seite 40) und nähe sie fest. Nähe Augen aus Knöpfen an und sticke die Nasenspitze auf.

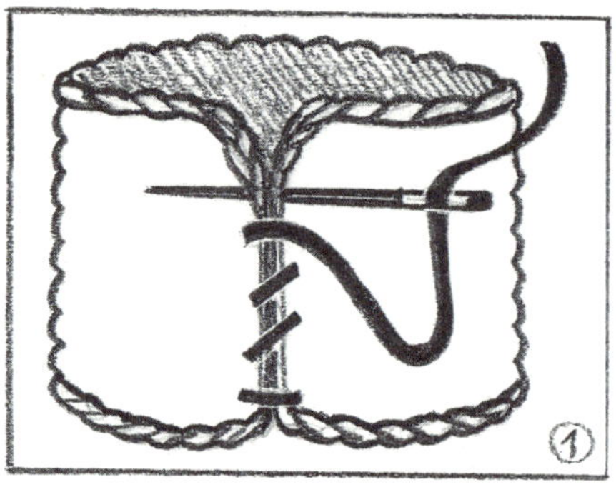

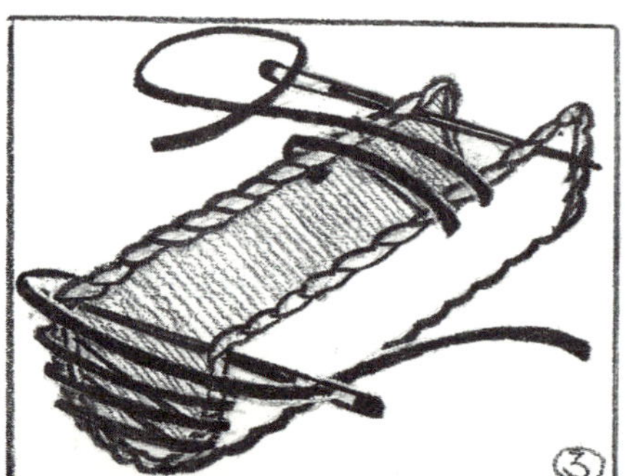

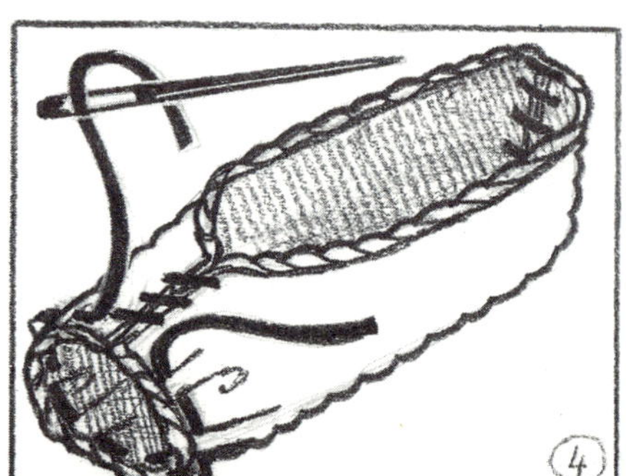

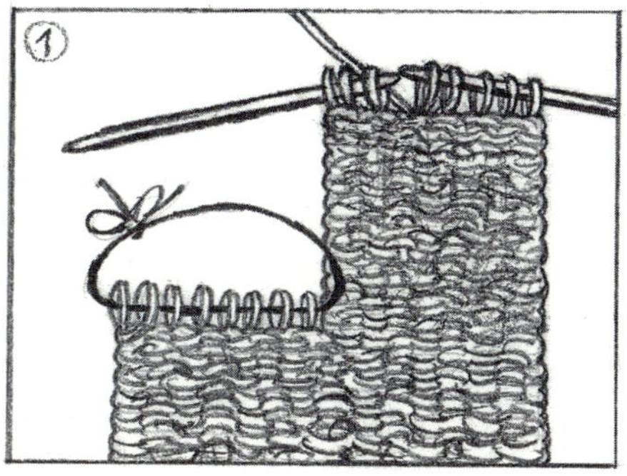

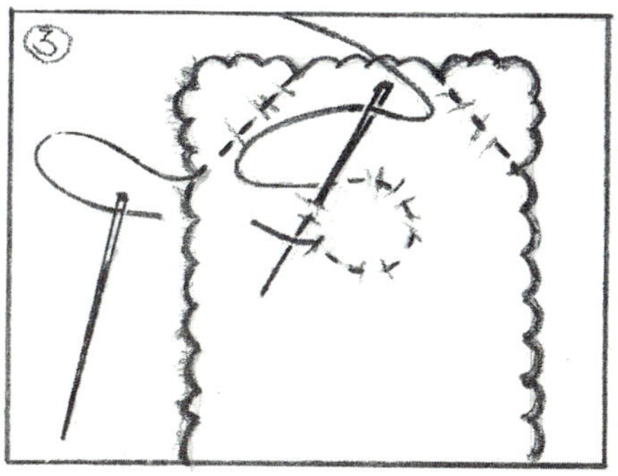

Teddybär

Man schlägt zuerst 16 Maschen an und strickt 42 Reihen. Beim Stricken zählt jede Rippe eine und jede Rille ebenfalls eine Reihe. Am besten zählt man die Rippen, also: 2, 4, 6 und so weiter. Stricke die 43. Reihe nur zur Hälfte ab, ziehe durch die restlichen 8 Maschen mit Hilfe einer dicken Stopfnadel einen Faden und lasse diese Maschen von der Stricknadel gleiten (siehe Zeichnung 1).
Stricke 20 kurze Reihen weiter und kette die letzte Reihe ab. Damit ist eine Beinhälfte fertig. Nimm die stillgelegten Maschen wieder auf die Nadel und stricke die zweite Beinhälfte genauso. Da der Teddy aus vorderem und rückwärtigem Teil besteht, mußt du noch ein genau gleiches Stück stricken. Lege dann die fertigen Teile aufeinander und nähe sie mit überwendlichen Stichen zusammen (siehe Zeichnung 2). Stopfe die Arbeit locker mit Watte, Garnresten oder anderem weichem Material aus und schließe die obere Quernaht.

Kopf

Mit kleinen Vorstichen werden die Ohren schräg abgenäht.
Ein Kreis aus Vorstichen, der anschließend etwas zusammengezogen wird, bildet die Nase (siehe Zeichnung 3). Sticke danach den Mund und nähe aus Knöpfen die Augen auf. Binde zwischen der 18. und 20. Reihe, von oben gemessen, mit doppeltem Faden den Kopf ab (siehe Zeichnung 4). Enden gut verknoten!
Stricke zwei gleiche Stücke für die Arme, jedes 15 Maschen breit und 20 Reihen lang. Nähe jedes Teil der Länge nach überwendlich zusammen und ziehe die entstandenen Röhren an einem Ende mit doppeltem Faden, den du durch die Maschen nähst, fest zu. Stopfe die Arme durch die obere offene Seite mit Polstermaterial aus und nähe sie so an den Körper, wie unten zu sehen (Zeichnung 5).

Zunehmen und Abnehmen

Innerhalb der Reihe zunehmen
Wenn man mehr Maschen in einer Reihe braucht, muß man welche zunehmen. Man holt die neue Fadenschlinge, indem man unter dem Verbindungsfaden zwischen den Maschen der rechten und linken Nadel hindurchfährt.

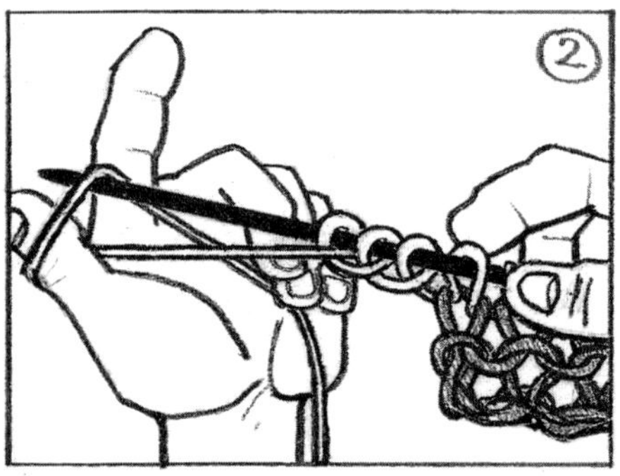

Am Rand zunehmen
Am Ende einer Nadel nimmt man zu, indem man einfach die benötigte Anzahl Maschen neu anschlägt (Schlingenanschlag siehe Seite 50).

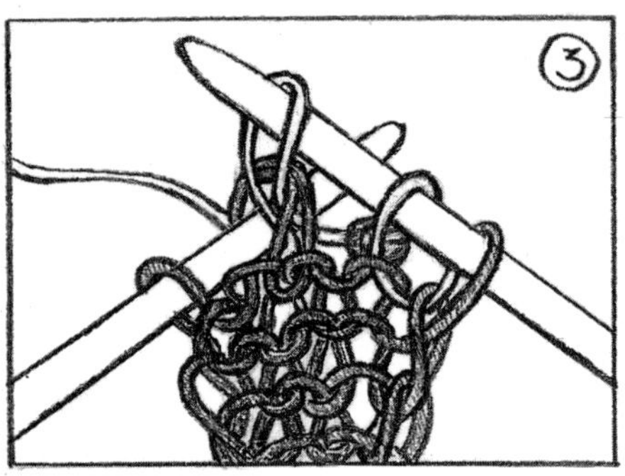

Innerhalb der Reihe abnehmen
Brauchst du für eine Form weniger Maschen, mußt du sie abnehmen: Stricke zwei Maschen zusammen. Fahre mit der rechten Nadel durch die nächsten beiden Maschen der linken Nadel und hole die Fadenschlinge, wie links gezeigt.

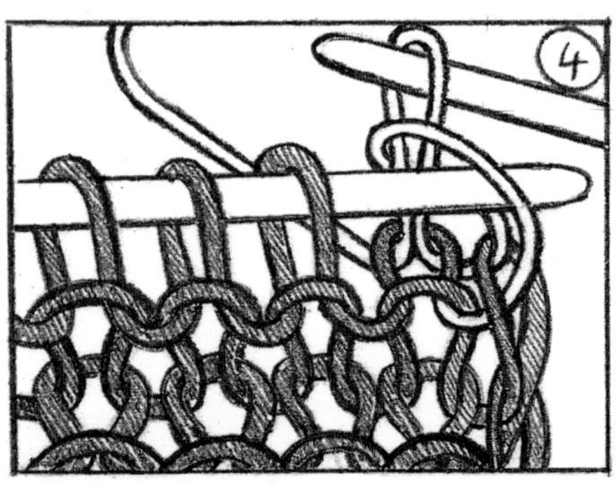

Am Rand abnehmen
Am Anfang oder am Ende einer Nadel nimmt man Maschen ab, indem man sie abkettet: Eine Masche abheben, die nächste stricken und die abgehobene Masche über die gestrickte Masche und die Nadelspitze heben.

Freies Stricken
Durch Zu- und Abnehmen kann man dem Gestrick eine beliebige Form geben, mal längere und mal kürzere Reihen stricken. Übe das Zu- und Abnehmen erst einmal an kleineren Stücken und beobachte, wie sich die Form verändern läßt. Man nennt diese Art, ohne genaue Vorlage zu arbeiten, freies Stricken. Das freie Stricken macht viel Spaß.

Huckepack-Hund
Der Hund auf dem Foto rechts besteht aus frei gestrickten Einzelteilen, die auf einen Pullover genäht wurden. Körper und Vorderbeine sind in einem Stück gearbeitet, und zwar von unten nach oben.
Schwanz, Hinterbeine, Kopf, Ohren und Zunge wurden einzeln gestrickt und zusammengesetzt.
Beim Aufnähen kann man den Hundekörper etwas zusammenschieben, so daß er ein wenig beulig sitzt und der Hund wie ausgestopft aussieht.
Probiere mal, ob du auch so ein drolliges Stricktier fertig bringst. Nimm aber leichte Wolle dazu, zum Beispiel Mohair, denn die Applikation – so nennt man das Aufgenähte, wie du sicher weißt – darf nicht schwerer sein als der Untergrund. Zum Aufnähen nimmst du am besten das Strickgarn. Arbeite mit nicht zu weitläufigen Vorstichen.

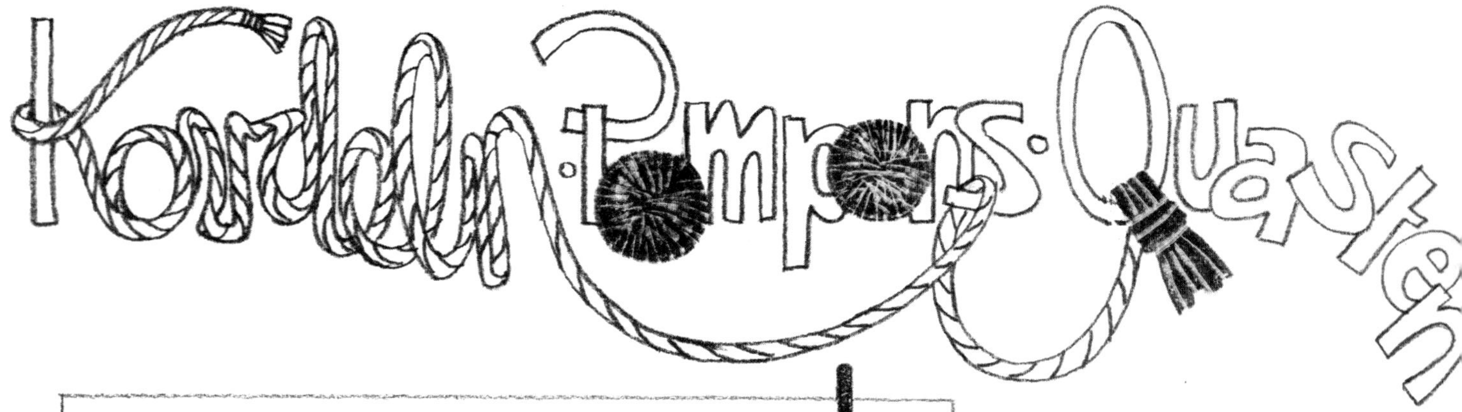

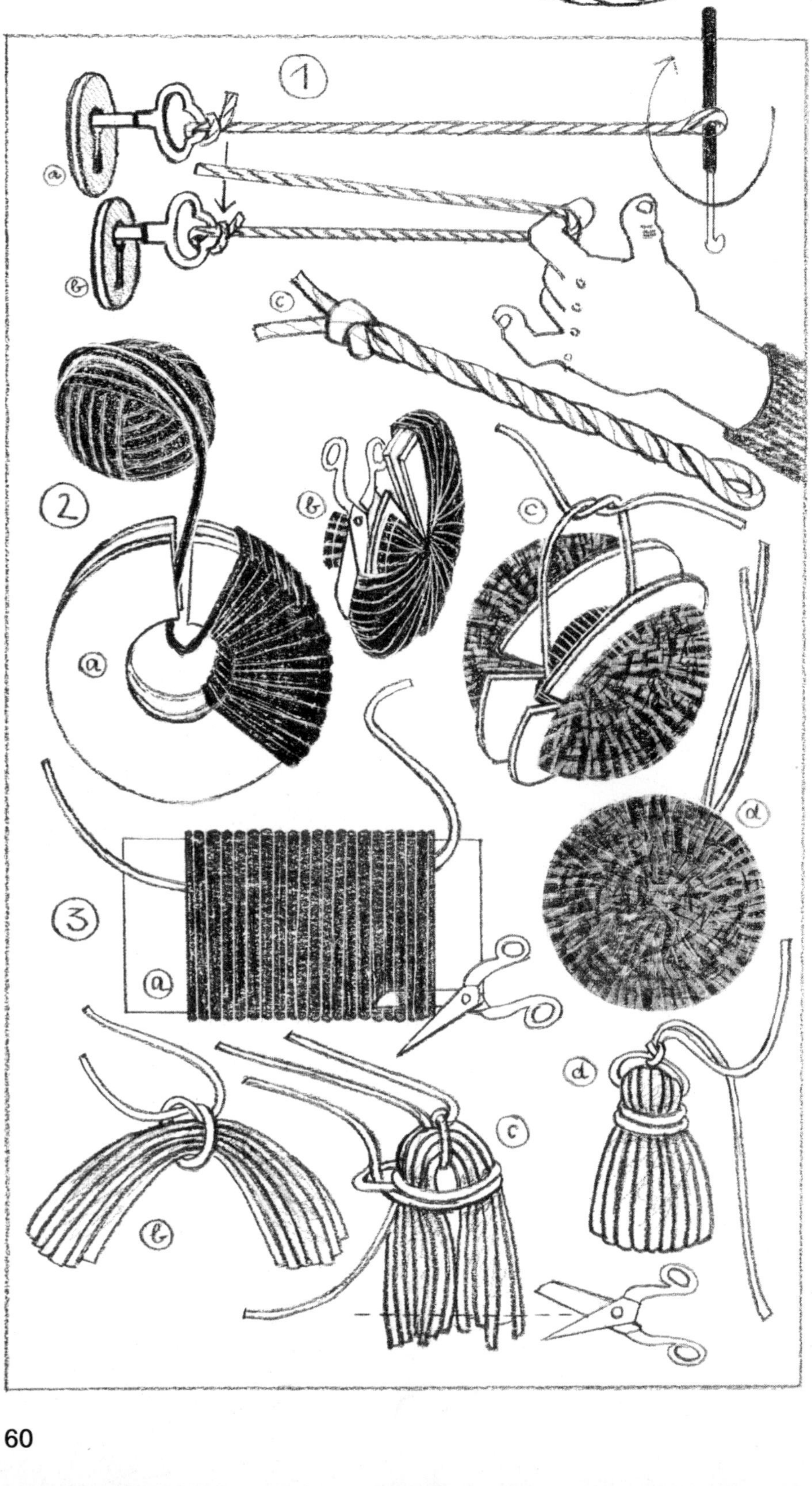

Kordel drehen

1a. Einen langen Faden doppelt oder mehrfach nehmen und an einen festen Punkt, zum Beispiel einen Schlüssel, knoten. Durch die Endschlaufe einen Stab schieben und so lange drehen, bis die Fäden dicht verzwirnt sind.

1b. Stab herausziehen, Kordel doppelt legen, das Ende ebenfalls an den Schlüssel knoten.

1c. Die Fäden drehen sich nun von selbst umeinander. Man löst sie vom Schlüssel und knotet die Enden zusammen.

Pompons

2a. Zwei gleiche Pappscheiben mit einem Loch in der Mitte und einem seitlichen Schlitz schneiden. Pappscheiben doppelt legen und so lange mit Garn umwickeln, bis das Loch gefüllt ist.

2b. Garn rundherum an der Kante aufschneiden.

2c. Pappscheiben auseinanderschieben, Wolle in der Mitte mit einem Faden umwickeln. Faden verknoten.

2d. Pompon stutzen.

Quasten

3a. Kartonstreifen dicht mit Wolle umwickeln. Dabei einen auf den Karton gelegten Querfaden mit einwickeln. Faden unten aufschneiden.

3b. Fadenbündel mit dem Querfaden zusammenbinden.

3c. Fadenbündel abwärts biegen und nochmals umwickeln.

3d. Quaste gerade stutzen.

Fadenschlinge lösen
Wenn sich beim Nähen eine Fadenschlinge gebildet hat (siehe 1a), schiebst du die Nähnadel in die Schlinge (1b) und ziehst sie mit einem kurzen Ruck aufwärts (1c). Die Schlinge löst sich dann.

Faden anknoten
Einen Häkel- oder Strickfaden verlängerst du durch einen Achter-Knoten (siehe 2a). Die Fäden müssen eine Acht bilden. Ziehe den Knoten fest zu (2b).

Maschen aufheben
Ist dir eine Masche von der Stricknadel gefallen und schon einige Reihen tiefer gerutscht, kannst du sie mit der Häkelnadel wieder heraufholen. Du brauchst nur den Querfaden wieder durch die Masche zu ziehen. Liegt der Querfaden hinter der gefallenen Masche, ziehst du ihn von hinten nach vorn durch (siehe 3), liegt er vor der Masche, drehst du die Arbeit auf die andere Seite und ziehst ihn dann nach vorn durch die Masche. So häkelst du Querfaden für Querfaden auf, bis die Masche wieder in der Reihe ist.

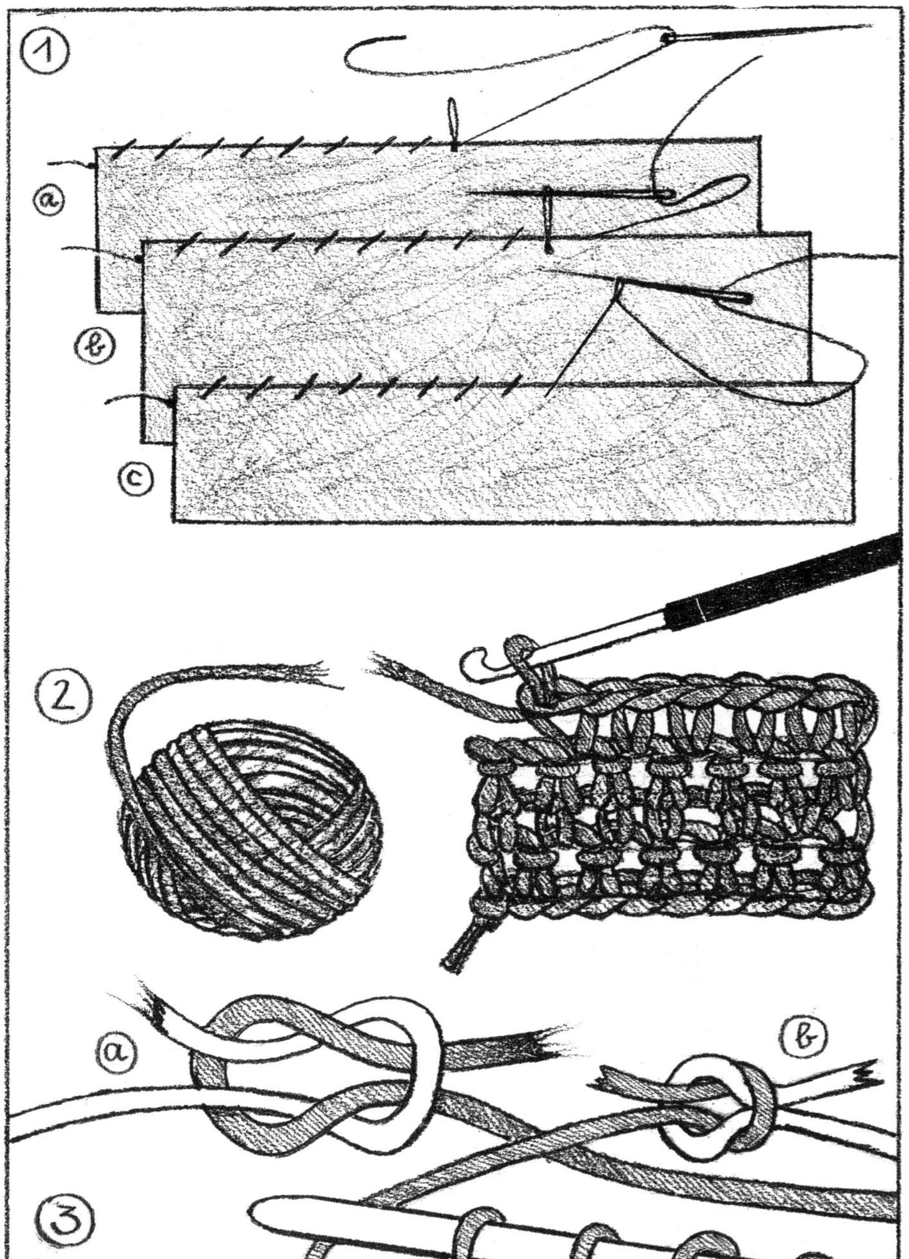

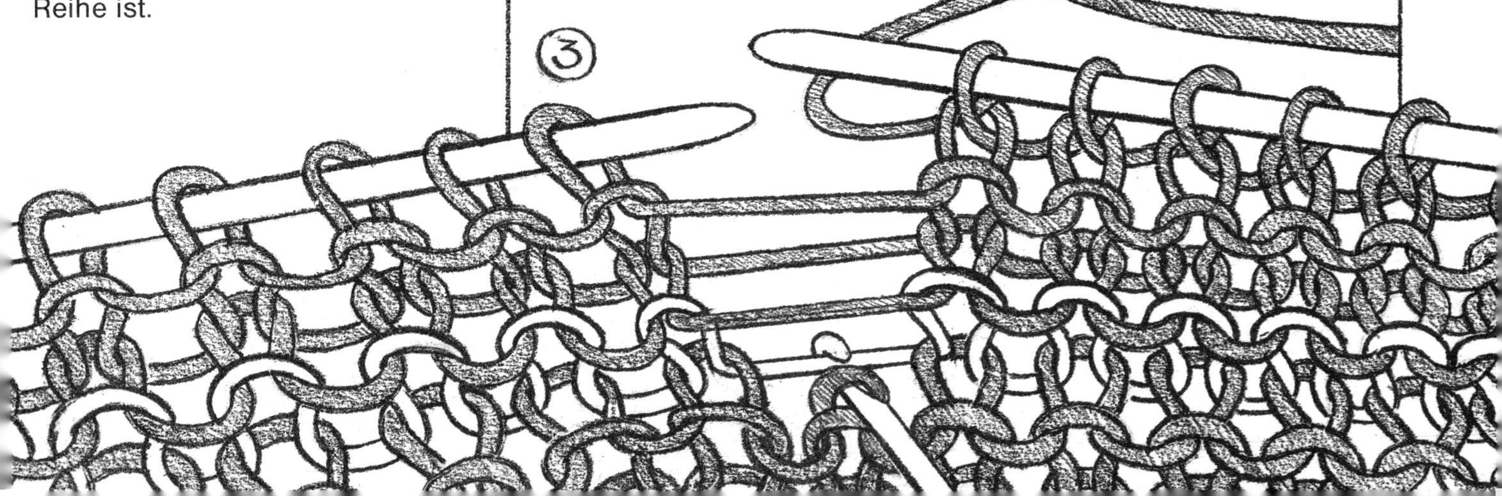

HASSLER

Von der Autorin dieses Buches sind im Otto Maier Verlag noch folgende Bücher erschienen

Das große
Ravensburger Handarbeitsbuch
Sticken, Häkeln, Knüpfen, Weben, Stricken, Applikation, Patchwork.
291 Seiten
ISBN 3-473-42347-5

Handbuch für Puppensammler
Porzellankopfpuppen erkennen, erwerben, erhalten.
247 Seiten
ISBN 3-473-42357-2

Alte und neue Stickmustertücher
zum Nacharbeiten
95 Seiten, 21 Stickvorlagen
ISBN 3-473-42466-8

Schöne alte Alphabete zum Nachsticken
Eine aus alten Vorlagen zusammengestellte Sammlung schöner Alphabete zum Nachsticken.
96 Seiten.
ISBN 3-473-42471-4

Das große
Ravensburger Werkkunstbuch
Historisches und Traditionelles, Modernes und Experimentelles.
425 Seiten
ISBN 3-473-42348-3

Das neue
Ravensburger Hobbybuch
Eine völlige Neubearbeitung des bekannten Standardwerkes.
288 Seiten
ISBN 3-473-42365-3

Weitere Bücher für Kinder aus dem Otto Maier Verlag

Elisabeth Daldrup/Uta Schmitt
Ravensburger Backbuch für Kinder
26 Rezepte, einfach und schnell zubereitet.
48 Seiten, ab 6 Jahren
ISBN 3-473-37467-9

Sybil Gräfin Schönfeldt/
Dorothea Desmarowitz
Ravensburger Kochbuch für Kinder
Über 60 leckere Rezepte für Alltag und Feste.
42 Seiten, ab 6 Jahren
ISBN 3-473-37407-5

Diana Simmons
Ravensburger Gartenbuch für Kinder
Kleine Gärten im Zimmer, auf dem Balkon und im Freien.
43 Seiten, ab 5 Jahren
ISBN 3-473-37405-9

... und das sind die großen Ravensburger Bastelbücher

Sabine Lohf
Das hab ich selbst gemacht
Bastel- und Spielideen fürs ganze Jahr.
80 Seiten, ab 4 Jahren
ISBN 3-473-37426-1

H. Schäl/S. Lohf
Ich mach was mit Wolle
30 ganz einfache Bastelideen für lustige Spielsachen.
64 Seiten, ab 4 Jahren
ISBN 3-473-37445-8

Stefan Lemke
Das kannst du auch
Tolle Werk- und Bastelideen aus Materialien, die fast nichts kosten.
80 Seiten, ab 8 Jahren
ISBN 3-473-37444-X